정년 없는 시대 오십의 생각

정년 없는 시대

오십의 생각

김수종 지음

50

리즈앤북
nes & book

오십, 비로소 시작되는 삶

무심코 사용하던 책상 서랍이 어느 날 눈에 들어왔다. 한때는 애지중지하며 사용했던 필기구가 뒹굴고, 쓰다 만 수첩들과 기억조차 희미한 명함 한 무더기가 서랍 안에서 기다렸다는 듯 모습을 드러냈다.

그것들을 하나씩 꺼내 보다가 손이 멈췄다. 이것들이 나였구나…. 오십 년 넘게 살아오며 쌓아온 것들이, 정작 필요한 것인지 아닌지도 모른 채 그냥 쌓여 있었다. 그 서랍 속 풍경이 꼭 내 머릿속을 닮아 있었다.

우리는 오랫동안 '쌓는 것'을 미덕으로 배웠다. 경험을 쌓고, 인맥을 쌓고, 커리어를 쌓고…. 더 많이 가질수록, 더 많이 알수록 잘 사는 것이라 믿었다. 그런데 오십을 넘어서면서 비로소 쌓기만 한 삶은 어느 순간 스스로를 짓누른다는 것을 알게 되었다.

정년이 사라진 시대가 왔다. 평생 일하는 것이 선택이 아닌 현실이 되었고, 오십은 이제 중간이 되었다. 그렇다면 오십 이후의 삶을 어떻게 설계해야 할까. 더 많이 채우는 것으로? 아니다, 이 책은 그 반대를 이야기한다.

버리는 것, 정리하는 것, 그리고 깊어지는 것.

몸이 가벼워야 멀리 걷는다. 생각도 마찬가지다. 오십이 지나면 중요한 것과 중요하지 않은 것을 가려내는 눈이 생긴다. 다만 그 능력은 쓰지 않으면 그냥 잠들어버린다. 이 책은 그 눈을 깨우는 이야기다.

무엇을 덜어낼 것인가.

어떻게 생각을 다듬을 것인가.

그리고 앞으로의 삶을, 어떤 밀도로 살아갈 것인가.

나는 이 책을 거창한 성공담으로 쓰지 않았다. 오십을 살아내며 스스로에게 건넨 질문들, 그리고 그 질문들이 가르쳐준 작은 깨달음들을 솔직하게 담았다. 완벽한 해답이 아니라, 함께 생각해 보자는 제안으로 읽어주시면 좋겠다.

'정년 없는 시대, 오십의 생각'은 이제 막 깊어질 준비가 되었다. 이 책이 그 시작점이 되기를 바란다.

차례

3장 흔들리는 마음을 대하는 태도

4장 나이 든다는 생각에 대하여

7장 후회가 문득 찾아올 때

8장 고독이 익숙해질 무렵

1장

하루가
나를 지나간 뒤에

소크라테스의 철학은

더 많이 아는 데 있지 않고,

스스로를 속이지 않는 데서 시작된다.

그는 삶을 무심히 흘려보내는 것이야말로

가장 위험한 태도라고 보았다.

하루를 돌아보고, 자신의 선택을 묻고,

왜 그렇게 살았는지를 스스로에게 질문하는 삶.

그의 사상은 정답을 주기보다 질문을 남기며,

그 질문 속에서 인간은

조금 더 자기 자신에게 가까워진다고 말한다.

소크라테스 (Socrates, B.C. 470 ~ 399)
고대 그리스 아테네의 철학자. 소크라테스는 함께 대화하며 진리를 모색하였는데, 이 문답 과정에서 그의 탐구 및 교육 방법으로 유명한 산파술 혹은 변증술이 탄생했다.

하루의 끝에서야
들리는 질문

　우리는 질문과는 크게 상관없어 보이는 하루를 보낸다. 아침에는 늦지 않기 위해 서둘러야 하고, 낮에는 맡은 일을 해내느라 생각할 틈이 없고, 저녁이 되면 지쳤다는 이유로 마음을 접는다. 그렇게 하루가 흘러가며 정작 나 자신에게 묻고 싶었던 말들은 뒤로 밀려난다.

　그런데 이상하게도 하루의 끝에 이르면 그 질문들이 다시 고개를 든다. 불을 끄고 누운 뒤, 더 이상 무언가를 설명하지 않아도 되는 시간이 되었을 때, 마음은 낮 동안 외면했던 생각들을 하나씩 불러낸다. 오늘의 선택은 나다웠는지, 불편하고 귀찮아서 참고 그냥 넘긴 말은 없었는지, 애써 바쁜 척하며 외면해 온 감정은 무엇이었는지… 누구도 묻지 않았지만, 스스로에게는 피할 수 없는 질문들이다.

이 질문들은 대답을 재촉하지는 않기에 당장 결론을 내리지 않아도 괜찮고, 명확한 답이 없어도 상관없다. 그저 묻는다는 사실 자체가 중요하다. 하루를 돌아보며 스스로에게 말을 건다는 것은, 삶을 더 잘 살기 위한 기술이 아니다. 그저 나를 속이지 않는 최소한의 예의에 가깝다.

젊을 때는 질문보다 답이 중요했다. '무엇을 해야 하지?', '어디로 가야 하지?', '어떻게 하면 뒤처지지 않지?' 같은 질문은 분명한 답을 필요로 했다. 하지만 어느 정도 세월을 살아보니, 답보다 질문이 더 중요하다는 사실을 깨닫게 되었다. 질문은 삶을 재단하지 않고 조용히 곁에 머물며, 생각할 자리를 만들어주기 때문이다.

하루의 끝에서 떠오르는 질문이라고 해서 딱히 거창한 것들은 아니다.

"오늘은 어떤 마음으로 사람을 대했는가?"

"나는 지금의 나를 어떻게 이해하고 있는가?"

"내 삶을 지금의 방식 그대로 지속해도 괜찮은가?"

이런 질문들은 삶을 흔들기보다 방향을 바로잡는 데 도움을 준다.

모든 하루를 다 잘 살 수는 없지만, 하루를 그냥 흘려보내지 않을 수는 있다. 스스로에게 질문을 던질 수 있었던 것만으로도 의미 있는 하루가 될 수 있다. 질문에 대한 답을 찾지 못해도 무방하다. 질문이 남아 있다는 것만으로 아직 나의 삶과 멀어지지 않았다는 반증이 되니까. 질문이 남은 하루는, 쉽게 사라지지 않는다.

바쁘게 산 날이
꼭 충만한 날은 아니어서

아침부터 쉴 틈 없이 바쁜 날이 있다. 해야 할 일은 많고, 연락은 끊이지 않으며, 잠시라도 자리 비울 틈이 없는 날 말이다. 정신없이 닥친 일을 처리하다 보면 어느새 하루가 훅 지나간다. 그렇게 분주하게 하루를 보내고 나면, 허탈함이 먼저 찾아온다. 분명 무언가 많은 것을 한 날인데도 아무것도 하지 않은 것처럼 마음속이 텅 빈 느낌이 든다.

우리는 오랫동안 바쁨을 성실함으로 배워 왔다. 움직이고 있단 사실만으로 잘 살고 있다는 확신을 얻으려 한다. 멈추는 순간 뒤처질 것 같은 불안에 스스로를 몰아붙이면서 말이다. '바쁜 하루를 보냈다'는 말은 어느새 스스로를 위로하는 문장이 되었고, 쉬지 않았다는 사실이 노력의 증거처럼 여겨지기도 했다. 그래서 하루를 채우는 일에는 익숙하지만, 하루를 잘 살아냈는지 묻는 일에는 여전히 어색하고 서툴다.

바쁜 날에는 마음을 들여다볼 틈과 여유가 없다. 생각은 다음 일정에 밀리고 감정은 나중으로 미루니, 내 마음 자체는 아예 모르는 지경이 된다. 지금 느끼는 피로와 불편함도 '끝나고 나서 정리해야겠다'며 마음속 깊은 곳에 묻어둔다. 그러다 하루가 끝나면 비로소 '오늘 많은 일을 했지만 정작 나 자신은 잠시도 만나지 못했구나'란 사실을 깨닫는다.

충만함은 일정표에 들어 있지 않다. 충만함은 잠시 멈춘 자리, 의미 없이 흘려보내지 않은 감정 하나에서 생겨난다. 그래서 어떤 날은 한 가지 일만 했는데도 오래 기억에 남고, 어떤 날은 종일 바빴는데도 별 기억이 없다. 하루의 밀도가 늘 일정의 양과 비례하지 않는 것이다.

바쁘지 않아야 좋은 하루라는 말이 아니다. 바쁜 가운데도 스스로를 놓치지 않았다는 사실이 중요하다. 하루를 어떻게 채웠는지보다 그 하루에 내가 있었는지를 돌아보자. 바쁜 일정이 하루를 채울 수는 있어도, 충만함을 대신하지는 못한다.

오늘을 돌아보는 일에
변명은 필요 없다

하루를 돌아보겠다고 마음먹는 순간, 우리는 먼저 변명을 떠올린다. 오늘은 너무 바빴다거나, 피곤했다거나, 생각할 여유가 없었다는 말로 스스로를 설득하곤 한다. 마치 변명이 있어야만 오늘을 그냥 지나쳐도 괜찮은 것처럼 이유를 충분히 갖추고 나서야 마음이 조금 편해지는 것을 느낀다.

하지만 하루를 돌아보는 일은 그렇게 거창한 결심이 필요한 게 아니다. 하루를 잘 살았는지 평가하라는 것도, 스스로 반성하라는 것도 아니다. 그저 오늘이라는 시간이 나를 어떻게 지나갔는지를 잠시 바라보라는 것이다. 그래서 오늘을 돌아보는 일에는 준비도, 각오도, 변명도 필요하지 않다.

돌아보는 순간에 떠오르는 생각들은 대개 사소한 것들이다. 괜히 마음에 남은 말 한마디, 애써 웃고 넘겼지만 속으로는 불편했던 장면, 지나치게 서둘렀던 선택 하나… 이런 것들은 대단한 성찰의 재료라기보다 하루가 남긴 흔적에 불가하다. 우리는 그 흔적을 지워야 할 대상으로 여기며 스스로를 다그치지만, 사실은 그 흔적 덕분에 하루가 그냥 사라지지 않는 거다.

나이가 들면 하루를 돌아보는 일에 더 적극적이어야 한다. 누군가에게 보여주기 위한 반성도 아니고, 내일을 위한 전략을 세우는 시간도 아니다. 그저 이렇게 살고 있는 나 자신을 있는 그대로 인정하는 시간이 되어야 한다. 이 시간이 쌓일수록 삶은 조금 더 단단해지고, 선택은 조금 더 신중해지는 법이다.

오늘을 돌아보는 일은 잘못을 찾기 위한 과정이 아니다. 변명 없이 하루를 마주할 수 있다는 사실 자체가, 이미 자신과의 관계를 놓치지 않고 있다는 반증이기 때문이다. 변명이 필요 없는 하루야말로 비로소 온전한 나의 것이 된다.

잘 살았는지보다
나답게 있었는지

하루를 마치며 우리는 스스로에게 되묻곤 한다.

"오늘을 잘 살아냈나?"

"해야 할 일을 빠뜨리지는 않았나?"

"누군가의 기대에 어긋나지는 않았나?"

이 질문들은 성실한 삶의 기준처럼 보이지만, 곰곰이 들여다보면 대부분 나보다 밖을 향해 있다. 타인의 시선과 사회의 기준, 그리고 오래 익숙해진 평가의 잣대가 먼저 떠오른다. 그렇게 우리는 하루를 돌아보면서도, 여전히 남의 기준 안에 서 있는 자신을 발견하게 된다.

그러다 어느 순간부터 그 질문이 조금 낯설게 느껴질 때가 있다. '잘 살았다'는 말이 무엇을 뜻하는지 분명하게 와닿지 않을 때가 그렇다. 바쁘게 움직였고, 맡은 역할을 해냈고, 무난하게 하루를 넘겼는데도 마음 한편이 비어 있는 날이 숱하다. 겉으로 보기에 부족할 것 없는 하루였음에도 설명할 수 없는 허전함이 남을 때, 우리는 비로소 다른 질문 앞에 서게 된다.

"오늘의 나는 '나답게' 있었는가?"

'나답다'는 것은 대단한 개성을 드러내는 일이 아니다. 누구보다 튀거나 특별해 보이려 애쓰는 것도 아니다. 오히려 '나답다'는 것은 무리하지 않는 상태에 더 가깝다. 하지 않아도 될 말은 하지 않고, 애써 감정을 숨기지 않으며, 스스로를 설득하지 않아도 되는 순간을 조금이나마 허락하는 일이다. 말 한마디를 고르지 않아도 되고, 표정을 꾸미지 않아도 되는 짧은 시간들이 쌓여 하루의 결을 바꾸어낸다.

나이가 들면 '잘 산다'의 기준은 점점 복잡해진다. 책임은 늘고 지켜야 할 것들은 많아지니까, 그만큼 스스로에게 하는 요구도 많아지는 것이다. 그러다 보면 간혹 '나다움'이 사치처럼 느껴지기도 한다. 하지만 나답지 않은 선택이 쌓일수록 삶은 조금씩 더 무거워진다. 겉으로는 잘 굴러가는 것 같아도 속에서는 설명하기 어려운 피로가 남고, 그 피로는 이유 없이 하루를 지치게 한다. 하루의 끝에서 다시 물어보자.

"오늘의 나는, 얼마나 나 자신이었는가?"

이 질문에는 점수도 비교도 없지만, 스스로를 속이지 않았는지 가늠하는 조용한 기준은 있어야 한다. 잘 살았는지를 따지는 대신, 나답게 있었는지를 돌아보는 일은 삶을 훨씬 진실하게 만든다. 그렇게 진실한 하루는 오래 마음에 남아 다음의 선택을 조용히 이끌어 간다.

대답 없는 질문을
품고 잠들 때

일과를 마무리하면서 떠오르는 질문들 가운데는 좀처럼 대답이 따라오지 않는 것들이 있다. 곰곰이 생각해 보아도 결론이 나지 않고, 애써 정리하려 할수록 더 흐릿해지는 질문들 말이다. 무엇을 잘못했는지, 앞으로 어떻게 해야 하는지, 지금의 선택이 옳은지에 대한 물음들이 그렇다. 우리는 어린 시절부터 질문에는 답이 따라와야 한다고 배운 탓에, 이런 상태를 미완성처럼 느끼곤 한다.

마찬가지로 대답 없는 질문도 불편하다. 잠자리에 들기 전까지 머릿속을 맴도는 생각은 어떻게든 정리하고 싶고, 명확한 결론을 얻지 못하면 마음이 편안해지지 않는다. 질문을 품은 채 잠드는 일은 어딘가 찜찜하고, 하루를 제대로 마무리하지 못한 것 같은 기분이 든다.

하지만 삶에 대한 대부분의 질문은 절대 하루 만에 답을 주지 않는다. 어떤 질문은 시간이 지나야 의미가 꿰이고, 어떤 질문은 답을 찾는 과정에서 서서히 사라지기도 한다. 그럼에도 우리는 오늘 안에 답을 내야만 마음이 놓일 것처럼 스스로를 재촉한다. 그렇게 서둘러 붙인 답은 대개 마음을 설득하기 위한 말일 뿐, 진짜 해답은 되지 못한다.

대답 없는 질문을 품고 잠든다는 것은, 아직 삶을 의미를 더 찾아보자는 뜻이기도 하다. 질문이 있다는 것은 여전히 고민하고 있다는 의미이고, 고민한다는 것은 삶을 제대로 된 방향으로 잡겠다는 태도이다. 모든 것을 다 이해하고 나서야 잠들 수 있다면, 우리는 아마 거의 잠들지 못할 것이다. 모든 것을 다 이해한다는 것은 불가능에 가깝다.

나이가 들어 품는 질문들은 특히 그렇다. 한때는 분명했던 기준들이 흔들리고, 예전의 답이 지금의 삶과 맞지 않다고 느껴질 때가 많기 때문이다. 그럴수록 질문은 더 복잡하고 길어지는 법이다. 그렇다고 그 질문들이 다 쓸모없다는 말은 아니다. 오히려 그 질문들이 삶을 조금 더 신중하게 바라보는 계기가 되어준다.

대답 없는 질문을 안고 잠드는 밤은, 어쩌면 스스로에게 여지를 남겨 두는 시간일지 모른다. '아직 결정하지 않아도 괜찮다', '당장 이해하지 않아도 괜찮다'는 여지 말이다. 그 덕분에 내일은 조금 다른 시선으로 시작할 수 있다. 질문은 그렇게, 잠든 사이에도 마음속에서 조용히 자리를 잡는다.

오늘 밤, 대답이 나오지 않았다고 해서 서둘러 답을 만들어 내지 않아도 괜찮다. 질문을 품은 채 잠드는 일은, 미완이 아니라 삶의 또 다른 방식일 뿐이니까. 대답 없는 질문을 안고 잠드는 밤도 삶의 한 방식일 뿐이다.

나를
속이지 않는 하루

가끔은 스스로에게조차 솔직하지 못한 순간들이 있다. 괜찮지 않으면서 괜찮다고 말하고, 원하지 않으면서도 참을 수 있다고 마음을 눌러 담는다. 그렇게 넘어간 일들은 겉으로는 아무 문제 없이 지나간 것처럼 보이지만, 마음속에서는 조용히 쌓여 간다. 인간은 대개 남을 속이는 것보다 자신을 속이는 일에 더 익숙하다.

자신을 속이는 일은 대개 작은 것에서부터 시작된다.

"이 정도는 참아야지."

"지금은 그럴 때가 아니야."

"나중에 생각해도 되겠지."

이런 말들은 현실적인 판단처럼 들리지만, 반복하다 보면 마음의 신호를 무시하는 습관이 된다. 그렇게 하루를 지내다 보면, 정작 무엇이 힘들었는지조차 흐릿해지는 경우가 있다.

나를 속이지 않는 하루란, 모든 감정을 드러내는 하루를 뜻하는 것이 아니다. 불편함을 곧바로 표현하지 않아도 되고, 선택을 미뤄야 할 때도 있다. 다만 스스로에게만큼은 솔직해지자는 말이다. 지금의 선택이 편해서인지 아니면 회피인지, 이 감정이 지나가는 것인지 쌓여 가는 것인지를 스스로 알고 있자는 말이다.

나이가 들면 자신을 속이는 방식도 더 정교해진다. 경험이 쌓인 만큼 그럴듯한 이유를 쉽게 만들어낼 수 있기 때문이다. 책임이라는 말로, 현실이라는 이름으로, 마음을 눌러두는 데 익숙해진 탓이다. 하지만 그렇게 쌓인 작은 속임수들은 어느 날 이유 없는 피로의 부메랑이 되어 돌아온다. 아무 일도 없었는데 지친 것 같은 날이 늘어나는 것도 그 때문이다. 그래서 하루의 끝에서 자신에게 되묻게 된다.

"오늘 나는 나를 얼마나 솔직하게 대했나?"

"스스로를 납득시키기 위해 너무 많은 말을 하진 않았나?"

나를 속이지 않는 하루가 늘 편안하지는 않아도, 대신 마음의 기운은 오래 남는 법이다. 그런 하루는 다음 날의 선택을 조금 더 가볍게 만들어주기도 한다.

나를 속이지 않는 삶이 완벽하다는 말이 아니다. 다만 마음이 보내는 신호를 외면하지 말라는 것이다. 마음의 신호를 거부감 없이 받아들이는 하루를 보낸다면, 그 하루는 이미 자신과의 관계를 지켜낸 하루라고 할 수 있다.

설명하지 않아도
되는 시간

우리는 끊임없이 뭔가를 설명한다. 왜 그렇게 선택했는지, 왜 늦었는지, 왜 그럴 수밖에 없었는지를 말로 덧붙인다. 때로는 묻지도 않았는데 먼저 이유를 내놓고, 이해받기 위해 습관처럼 해명하기도 한다. 그렇게 설명하는 데 익숙해질수록 하루는 조금씩 타인의 시선에 맞춰 정리된다.

하루의 끝에서 설명이 필요 없는 시간을 만들어 보자. 더이상 이유를 말하지 않아도 되고, 판단을 설득하지 않아도 되는 순간 말이다. 잘했는지 못했는지를 증명하지 않아도 괜찮고, 선택의 결과를 평가받지 않아도 되는 시간에야 비로소 마음은 긴장을 풀고, 오늘을 있는 그대로 받아들이게 된다.

설명이 많아질수록 마음은 피곤해진다. 이해받기 위해 덧붙인 말들이 쌓이면서, 정작 내 감정은 어디에 있었는지 알기 어려워지기도 한다. 그래서 설명 없는 시간은 변명이 사라진 자리이기도 하다. 잘 보이려는 마음이나 납득시키려는 노력을 잠시 내려놓고, 그냥 오늘의 나로 머무는 시간을 가져 보자.

잠자리에 들기 전 불을 끄고 나서의 고요한 시간일 수도 있고, 아무 말 없이 창밖을 바라보는 순간의 시간일 수도 있다. 그 짧은 시간이 하루 전체를 정리하는 힘을 가진다.

나이가 들수록 이 시간은 더 중요해진다. 살아온 만큼 이유도 많아지고 설명할 말도 늘어나기 때문이다. 그럴수록 남에게 설명하지 않아도 되는 시간은, 자신을 지키는 최소한의 공간이 된다. 그 공간이 있어야 다시 세상으로 나갈 힘도 생겨나는 법이다.

남에게 설명하지 않아도 되는 시간이 있다는 것은, 나 자신에게만큼은 솔직해질 수 있다는 뜻이기도 하다. 하루의 끝에서 그 시간을 가질 수 있다면, 그 하루는 온전히 나의 것이라 할 수 있다.

내 안의 목소리를
놓치지 않으려는 연습

　내 안의 목소리는 생각보다 쉽게 묻힌다. 해야 할 말과 해서는 안 될 말을 가려 하고, 상황에 맞는 표정을 지어야 하고, 기대에 어긋나지 않으려 애쓰는 사이에 마음의 소리는 점점 작아진다. 처음에는 잠시 미루어두는 정도일 수 있지만, 어느새 그 목소리가 있었는지조차 잊고 지내게 된다.

　물론 내 안의 목소리가 늘 분명한 것은 아니다. 또렷한 주장보다는 어딘가 불편한 감각으로, 혹은 설명하기 어려운 망설임으로 나타나는 경우도 있다. 그래서 우리는 그 소리를 확신하지 못한 채 지나치기 쉽다. 지금은 그럴 때가 아니라거나, 나중에 생각해도 된다는 이유로 마음을 뒤로 미루어둔다. 그런 하루하루가 쌓이면, 내 안의 목소리는 점점 더 깊숙이 숨어버리고 만다.

그 목소리를 놓치지 않기 위해 특별한 능력이 필요한 것은 아니다. 그저 잠시 멈추는 연습이 필요할 뿐이다. 선택 앞에서 조금 더 시간을 두고, 감정이 올라올 때 바로 정리하지 않으며, 이유를 만들기 전에 마음의 반응을 먼저 살피는 과정이 필요하다. 크고 확실한 결론이 아니라, 미세한 흔들림을 인정하는 태도에 가깝다.

나이가 들면 외부의 소리는 더 크게 들린다. 경험에서 나온 조언들이 내 안의 목소리보다 앞서 나가기 때문이다. 그 말들이 틀린 것은 아니지만, 그 속에서 나 자신이 사라질 때는 문제가 될 수도 있다. 내 안의 목소리를 놓친 채 내린 선택은, 시간이 지나도 불편한 마음이 쉽게 가라앉지 않는다.

그래서 내 안의 목소리를 놓치지 않으려는 연습은, 삶을 더 복잡하게 만드는 일이 아니라 오히려 단순하게 만드는 일이다. 무엇이 중요한지, 어디까지가 나의 몫인지가 조금씩 분명해지기 때문이다. 그 목소리를 늘 따르지 않아도 괜찮다. 그저 듣고 있다는 사실만으로도 마음은 훨씬 더 편해질 수 있다.

돌아본 하루는
쉽게 사라지지 않는다

하루는 생각보다 빨리 지나간다. 눈을 뜬 순간부터 잠자리에 들 때까지, 우리는 수많은 일들 사이를 오가며 바쁜 시간을 보낸다. 그렇게 흘러간 하루는 금세 '어제'라는 이름으로 밀려나고, 특별히 기억할 만한 일이 없다면 곧바로 잊히고 만다. 바쁘게 살았다는 사실만 남고, 그 안에 어떤 마음이 있었는지는 잘 떠오르지 않는다.

그런데 하루를 돌아본 날은 다르다. 길게 시간을 들이지 않아도 괜찮고, 깊은 성찰이 아니어도 상관 없다. 그저 오늘 어떤 순간에 마음이 불편했는지, 무엇이 유난히 남았는지를 잠시 떠올려 보는 것만으로도 하루는 쉽게 사라지지 않는다. 돌아본 하루는 기억 속에서 형태를 갖고, 삶의 일부로 녹아든다.

돌아본다는 것은 하루를 붙잡아두겠다는 뜻이 아니다. 잘한 일을 오래 자랑하거나 잘못한 일을 계속 곱씹겠다는 의미도 아니다. 그날의 감정과 선택을 있는 그대로 인정하는 일에 더 가깝다. 그렇게 인정된 하루는 더 이상 흘려보낼 대상이 아니라, 다음 날의 나를 만드는 재료가 된다.

흔히 의미 있는 날만 기억에 남는다고 생각하지만, 의미는 사건의 크기에서 오지 않는다. 돌아보지 않은 하루는 크고 화려해도 금세 사라지고, 돌아본 하루는 소박해도 오래 남는다. 잠깐 멈춰 서서 오늘을 바라본 그 순간이 하루를 다르게 만들어준다.

나이가 들수록 시간은 더 빠르게 느껴지는 법이다. 그래서 하루를 붙잡으려 애쓰기보다는, 하루가 스쳐 지나가지 않도록 하는 일이 더 중요하다. 돌아본 하루는 쉽게 사라지지 않는다. 기억으로 남고, 태도로 남고, 다음 선택의 기준으로 남는다. 하루의 끝에서 잠시 멈춰 섰던 그 시간이, 생각보다 오래 나를 지켜주기 때문이다.

2장

충분하지 않다고
느껴질 때

아리스토텔레스는

삶이란 극단이 아니라 균형 속에서 완성된다고 보았다.

지나친 욕심도, 과도한 포기도 삶을 왜곡시킨다.

그는 좋은 삶이란 타고나는 것이 아니라

반복되는 선택과 습관 속에서 형성된다고 말했다.

오늘의 태도가 내일의 나를 만들고,

그렇게 쌓인 시간이

결국 한 사람의 인생이 된다는 믿음이

그의 사상의 중심에 있다.

아리스토텔레스(Aristotle, B.C. 384 ~ 322)
고대 그리스의 철학자. 플라톤의 제자이며, 알렉산드로스 대왕의 스승이다.

부족하다는 생각과
함께 사는 법

어느 순간부터인가 충분하다는 느낌보다 부족하다는 생각에 더 익숙해졌다. 잘 해낸 일이 있어도 먼저 모자란 부분이 떠오르고, 남들만큼은 했다고 생각하다가도 곧 비교의 기준이 바뀐다. 부족하다는 말은 겸손처럼 보이지만, 반복되면 스스로를 깎아내리는 언어가 되기도 한다.

부족함은 대개 외부, 곧 남들과 비교에서부터 시작된다. 더 잘하는 사람, 더 빨리 가는 사람, 더 많이 가진 사람과 마주할수록 나의 현재는 작아 보이기 마련이다. 그렇게 비교가 일상이 되면, 지금의 나는 언제나 중간에 멈춰 선 사람처럼 느껴진다. 아직 목표에 도착하지 못했고, 아직 충분하지 않다는 생각이 마음 전체를 차지한다.

하지만 삶은 언제나 미완의 상태로 진행되기 마련이다. 완성된 시점이 따로 정해져 있지 않고, 충분해졌다는 신호도 명확하지 않는 게 현실이다. 그럼에도 우리는 자꾸만 충분해져야 안심할 수 있는 것처럼 스스로를 재촉하며 산다. 부족함을 견디지 못해 서둘러 채우려 하고, 그 과정에서 정작 지금의 나를 놓치는 게 일상이다.

부족하다는 생각과 함께 산다는 것은, 그 생각을 다스리겠다고 애쓰지 않는 것과 같다. 물론 부족하다고 느끼는 마음이 곧바로 고쳐야 할 결함은 아니다. 그저 지금의 나를 다시 깨우는 신호로 받아들이면 된다. 부족함이 있다는 것은 아직 움직이고 있다는 뜻이기도 하고, 더 이상 바랄 것이 없다고 단정하지 않았다는 의미이기도 하다.

나이가 들면서 부족함은 다른 얼굴로 찾아온다. 젊을 때와 같은 속도를 내지 못하는 몸, 예전만큼 흔들리지는 않지만 그렇다고 확신은 없는 마음, 이미 지나온 선택들에 내한 아쉬움 같은 것들로 말이다. 그 부족함은 부끄러움이 아니다. 살아온 시간의 흔적이라고 할 수 있다.

부족함을 채우지 못해도 괜찮다. 오히려 부족함을 인정한 채 살아갈 수 있다면, 그 삶은 오히려 조금 덜 조급해질 것이다. 부족하다는 생각과 함께 사는 법은, 나를 몰아세우지 않으면서도 멈추지 않는 법을 배우는 일이다. 그렇게 사는 하루는 완벽하지는 않지만, 오래 지속될 수 있는 삶이 된다. 부족하다는 생각을 밀어낼 때, 삶은 오히려 덜 흔들린다.

적당함을
잊지 않는 삶

우리는 '더 많이', '더 빨리', '더 잘' 하려다 삶의 균형을 놓친다. 조금만 쉬어도 뒤처지는 것 같고, 만족하는 순간 안주하는 것처럼 보일까 봐 스스로를 경계하며 산다. 그래서 어느새 적당함은 나태함과 비슷한 말이 되고, 끝까지 밀어붙이는 것만이 성실하고 능력 있는 듯 느낀다. 스스로를 몰아붙이는 방식에 익숙해질수록 멈추는 선택은 점점 더 어려워진다. 그 과정에서 삶의 호흡도 함께 짧아진다.

하지만 삶은 늘 극단의 끝에서 흔들리는 법이다. 너무 애쓰면 지치고, 너무 내려놓으면 공허해진다. 적당함은 그 사이에서 중심을 잡아주는 도구이다. 힘을 다 쓰지 않아도 계속 갈 수 있는 상태, 멈추지 않으면서도 무너지지 않는 거리가 된다. 그것은 요령이나 타협이 아니라, 자신을 오래 데리고 가기 위한 태도의 가깝다. 삶을 지속 가능하게 만드는 도구라고 해도 과하지 않는 표현일 것이다.

적당함을 지킨다는 것은, 욕심이 없다는 뜻이 아니다. 무엇이 나에게 맞는지를 아는 것이다. 더 할 수 있어도 멈출 줄 알고, 더 참을 수 있어도 내려놓을 줄 아는 선택의 문제다. 이 선택은 늘 내 안에서 이루어지기 때문에 남의 눈에는 보이지 않는다. 적당함은 늘 스스로에게만 증명되는 기준인 것이다. 그리고 그 기준을 지키는 일은 생각보다 많은 용기와 솔직함을 요구한다.

나이가 들면 이 생각은 더 중요해진다. 예전과 같은 방식으로 밀어붙일 수 없다는 것을 몸이 먼저 알려주고, 마음도 점점 무리한 선택을 경계하게 된다. 그럴 때 적당함을 잃지 않는다는 것은, 포기가 아니라 방향을 조정하는 일이다. 삶의 속도를 다시 맞추는 일이며, 앞으로의 시간을 더 오래 품기 위한 선택이기도 하다.

적당함을 잃지 않는 하루는 눈에 띄지 않는다. 특별한 성취도, 극적인 변화도 일어나지 않을 수 있다. 하지만 그런 하루들이 쌓여 삶의 결을 만들어낸다. 오래 지속되는 삶은 대개 이런 조용한 선택 위에 서 있다.

적당함은 삶을 작게 만드는 기준이 아니라, 삶을 끝까지 이어 가게 하는 힘이 된다. 그렇게 지켜낸 하루는 다음 날을 조금 덜 버겁고 가볍게 만들어준다. 적당함을 지킬 수 있을 때, 비로소 삶은 오래 지속될 수 있다.

잘하고 싶다는
마음의 무게

잘하고 싶다는 마음은 처음에는 힘이 된다. 아마 모두에게 해당되는 말일 것이다. 더 나은 선택을 하게 만들고, 쉽게 포기하지 않게 붙잡아주는 역할을 한다. 스스로에게 기대를 걸고 있다는 다짐이기도 하다. 그래서 우리는 그 마음을 긍정적으로 받아들이며 하루를 시작한다. 그 힘이 조금 무겁더라도, 그 무게가 나를 앞으로 밀어준다고 믿는다.

하지만 어느 순간부터 그 마음은 부담으로 다가온다. 잘해야 한다는 생각이 앞서면, 실수 하나에도 마음이 쉽게 가라앉는다. 만족할 틈도 없이 다음 계획을 세우는 게 인간의 특성이다. 잘하고 싶은 마음이 커질수록 스스로를 향한 평가도 날카

로워진다. 애쓴 시간보다 부족한 부분이 먼저 보이고, 이미 해낸 일보다 아직 못한 일이 더 크게 다가온다.

잘하고 싶다는 마음의 무게는 대개 혼자서 감당해야 한다. 남들은 괜찮다고 말해도, 스스로는 쉽게 고개를 끄덕이지 못하니까. 충분히 해냈다는 말을 들으면서도 마음 한편에서는 아직 부족하다고 되새긴다. 그 목소리는 성실함을 가장하고 있어서 쉽게 떨쳐내기도 어렵다.

시간이 지나면 이 무게는 다른 모습으로 다가온다. 이제는 단순히 나 하나만 잘해서 끝나는 문제가 아니기 때문이다. 일에서도, 관계에서도, 삶 전반에서도 역할은 늘어나고 책임은 깊어지게 마련이다. 잘하고 싶다는 마음은 나를 성장시키기도 하지만, 동시에 나를 지치게 만들기도 한다. 잘 해내지 못할까 봐, 기대에 미치지 못할까 봐 앞서 걱정하게 만든다.

그래서 어느 순간에는 이 마음의 무게를 내려놓는 연습이 필요하다. 잘하고 싶지 않아서가 아니라, 잘해야만 괜찮아진다는 생각에서 자유로워지려는 자세가 필요하다. 최선을 다했는지보다, 지나치게 자신을 몰아세우지는 않았는지 돌아보자. 그 질문 하나만으로도 마음의 무게는 조금 가벼워진다.

잘하고 싶다는 마음을 지워낼 필요는 없다. 다만 그 마음이 나를 짓누르지 않도록 때때로 내려놓을 줄 알아야 한다. 잘하려 애쓴 하루도, 덜 완벽했던 하루도 모두 나의 삶이라는 사실을 받아들일 때, 그 무게는 더 이상 나를 짓누르지 않게 된다.

하루의 끝에서 오늘의 나를 떠올려 보자. 오늘은 무엇을 잘하려 애썼고, 그 마음이 나를 얼마나 무겁게 했는가? 그 무게를 알아차렸다면, 오늘은 이미 자신을 함부로 대하지 않은 괜찮은 하루가 되었다는 뜻이다. 잘하고 싶다는 마음을 알아차리는 순간, 그 무게는 조금 가벼워진다.

성과보다
태도가 남는 날

하루를 돌아볼 때 가장 먼저 떠올리는 것은 대개 오늘 한 일의 성과일 것이다. 무엇을 끝냈는지, 얼마나 해냈는지, 눈에 보이는 결과가 있었는지를 먼저 따져 본다. 성과는 분명한 기준이 되어주고, 하루를 빠르게 평가할 수 있게 만들어준다. 그래서 성과가 있어야 하루가 의미 있었다고 인정한다.

하지만 시간이 조금 지나면, 성과보다 오래 남는 것이 따로 있음을 알게 된다. 그날 어떤 마음으로 일했는지, 사람을 어찌 대했는지, 어려운 순간을 어떻게 넘겼는지 같은 장면들 말이다. 성과는 금세 다음 기준에 밀려 사라지지만, 장면의 태도는 생각보다 오래 기억에 남는다. 특히 스스로에게는 더욱 그런 법이다.

성과에 집중한 날은 마음도 몸도 바쁘다. 결과를 향해 서두르고, 과정에서의 감정은 대개 지나쳐버리는 경우가 많다. 반면 태도가 남는 날은 속도가 조금 느릴 수 있다. 완벽하지 않아도, 눈에 띄는 결과가 없어도, 그날의 나는 스스로를 함부로 대하지 않았다는 생각이 마음속에 남는다. 그 생각은 다음 날의 선택을 조금 더 단단하게 만들어준다.

나이가 들면 성과의 기준도 점차 달라진다. 예전처럼 눈에 띄는 결과만 좇기보다는, 어떤 태도로 시간을 보냈는지가 더 중요해진다. 성과는 상황과 운에 따라 달라질 수 있지만, 태도는 비교적 내가 지켜낼 수 있는 영역이기 때문이다. 그래서 하루가 만족스럽지 않아도, 태도가 흔들리지 않았다면 마음은 크게 무너지지 않는 것이다.

태도가 남는 날에는 그 속의 장면들이 함께 떠오른다. 조급해지지 않으려 애쓴 순간, 무심한 말 대신 한 박자 멈췄던 선택, 스스로를 다그치지 않고 하루를 마무리했던 태도 같은 것들 말이다. 이런 장면들은 남에겐 잘 보이지 않지만, 삶의 리듬을 조금씩 바꾼다.

성과보다 태도가 남는 날이 있다는 것은, 삶이 결과만으로 이루어지지 않았다는 뜻이다. 그런 날들이 쌓여 우리는 조금 더 안정적인 방향으로 나아가게 된다. 하루의 끝에서 성과를 따지지 않아도 괜찮은 이유는, 이미 그날의 태도가 충분히 나를 지켜주었기 때문이다. 성과는 지나가도, 태도는 하루의 끝에 오래 남는다.

완벽하지 않아도
괜찮은 이유

우리는 완벽해야 안심할 수 있다고 생각하는 경향이 있다. 실수 없이 해내야 하고, 흠 잡힐 구석이 없어야 비로소 괜찮은 하루였다고 인정한다. 그래서 작은 틈 하나에도 마음이 쓰인다. 이미 해낸 일보다 부족해 보이는 부분을 먼저 떠올리는 것이다. 완벽함은 목표라기보다 스스로를 평가하는 기준으로 자리 잡고 있다.

하지만 그 완벽함이란 게 과연 가능은 한 것일까? 하나를 채우면 또 다른 기준이 생기고, 그 기준을 넘어서면 다시 더 높은 선이 그어지는데 말이다. 그렇게 '완벽'을 향해 가는 동안 우리는 한시도 만족하지 못한 채 다음 하루로 넘어가게 된다.

결국 완벽하지 않다는 이유로 오늘을 온전히 받아들이지 못하는 날만 쌓이게 된다.

물론 완벽하지 않아도 괜찮다는 말이 대충 살아도 된다는 뜻은 아니다. 모든 것을 다 갖추지 않았어도, 지금의 나로 충분히 존중받을 수 있다는 의미이다. 실수가 있었고, 그에 따른 아쉬움이 남았더라도, 그 하루 전체가 실패인 것은 아니라는 말이다. 삶은 언제나 그렇듯 미완의 상태로 이어지고, 그 미완 덕분에 다음 선택이 가능해지는 법이니까.

나이가 들면 완벽함에 대한 생각도 점차 달라지게 된다. 예전처럼 모든 것을 통제할 수 없단 사실도 알게 되고, 예상대로 흘러가지 않는 날이 많다는 것도 알게 된다. 그럴수록 완벽하지 않은 자신을 받아들이는 일이 점점 더 중요해진다. 완벽하지 않은 나를 받아들이면 삶은 좀 더 현실적인 자세를 갖춘다. 그 안에서 내가 숨 쉴 공간도 만들어진다.

완벽하지 않은 날에는 대신 다른 것들이 남을 것이다. 최선을 다하려 했던 태도, 포기하지 않으려 했던 마음, 스스로를 지나치게 몰아세우지 않았다는 기억 같은 것들 말이다. 결과처럼 눈에 보이지 않지만, 이런 것들이 삶을 지탱하는 힘이 된다.

완벽하지 않아도 괜찮다는 이유는 분명해진다. 인간은 완벽할 때보다(당연히 그런 날은 없다) 주어진 삶을 살아갈 때 더 많은 것을 배우기 때문이다. 오늘의 부족함이 내일의 기준이 되고, 오늘 실수가 다음의 선택을 조금 더 신중하게 만들어준다. 그렇게 이어지는 하루들이 결국 한 사람의 삶이 된다.

완벽하지 않아도 괜찮다는 것을 받아들이는 순간, 삶은 한결 부드럽고 가벼워진다.

익숙함 속에서도
길을 찾는 사람

하루하루는 그리 낯설지 않다. 같은 시간에 일어나고, 비슷한 일을 반복하며, 익숙한 얼굴들과 같은 이야기를 나눈다. 이게 보통 사람들의 일상이다. 큰 사건이 없어도 하루는 무난하게 흘러가고, 특별히 불편할 것도 없어 보인다. 그런데 그런 날들이 이어질수록 마음 한편에서는 뭔지 모를 의문들이 생겨난다. 지금의 삶이 괜찮은 것인지, 아니면 그냥 익숙해진 것인지에 대한 자기 자신에 관한 의심이 생긴다.

익숙함은 편안하고 안정적인 삶으로 이끌어준다. 덕분에 우리는 매번 특별한 선택을 하지 않아도 되고, 불필요한 에너지를 쓰지 않아도 된다. 익숙하다는 이유만으로 계속 가도 괜찮을 것 같고, 굳이 새로운 길을 떠올릴 필요를 느끼지 못하기도 한다. 하지만 익숙함이 오래 이어지면 삶의 방향을 생각하는 일이 어려워지고, 뭔가를 새롭게 선택하고 판단 내리기도 어려워진다.

그럼에도 익숙함 속에서 길을 찾아내는 사람들이 있다. 그들은 지금의 자리가 편하다는 사실을 부정하지 않으면서도, 이대로 괜찮은지 스스로에게 묻는다. 이는 삶을 뒤엎겠다는 결심이 아니라, 작지만 삶의 방향을 체크하는 데 가깝다. 익숙한 하루 속에서 마음이 자주 머무는 지점이 어디인지, 반복되는 불편함이 무엇인지 살피는 것이다.

나이 들어서 또 다른 길 찾기의 행동은 대개 조용하게 이루어진다. 큰 변화나 과감한 결단보다 환경의 변화로 시작된다. 같은 일을 하더라도 의미를 다르게 붙여 보고, 같은 관계 안에서도 나의 몫을 다시 계산하고 짚어 본다. 익숙함을 버리기보다, 그 안에서 내가 조금 더 잘 살아낼 수 있는 자리를 찾는 것이다.

익숙함 속에서 길을 찾는다는 것은 또 다른 용기가 필요하다. 그 익숙함 덕분에 여기까지 올 수 있었다는 사실을 인정해야 하는 동시에 지금까지 잘 버텨 온 방식이 틀렸을지도 모른다는 가능성을 받아들여야 하기 때문이다.

하루의 끝에서 이런 생각을 했다면, 이미 길을 찾고 있는 셈이다. 익숙한 하루를 그냥 넘기지 않고, 그 안에서 나의 방향을 살피려 했다는 사실만으로도 충분하다. 길은 새로 만들어지는 것도 있지만, 익숙한 자리에서 재발견되는 경우도 많다는 사실을 기억하자. 익숙함 속에서도 길을 묻는다면, 그 삶은 멈추지 않고 움직인다.

지나치지 않게,
가볍지 않게

우리는 자주 극단으로 기운다. 어떤 날은 지나치게 뭔가를 애쓰고, 어떤 날은 크게 신경 안 쓰고 넘겨버린다. 힘을 다 쓰지 않으면 불안해지고, 그렇다고 가볍게 흘려보내면 스스로를 허술하게 대하는 것 같아 마음이 불편해진다. 그래서 하루의 태도는 늘 어느 한쪽으로 쏠리기 마련이다.

지나치지 않는다는 게 마음을 다하지 않는단 뜻은 아니다. 오히려 감당할 수 있는 만큼을 정확히 쓰겠다는 선택이다. 모든 일에 전력을 다할 수는 없다. 모든 감정에 끝까지 반응할 수 있는 문제는 더욱 아니다. 그것을 받아들일 수 있을 때, 스스로를 소진하지 않고 하루의 시간을 잘 쓸 수 있다.

마찬가지로, 가볍지 않게 산다는 것이 모든 일을 무겁게 받아들이겠다는 뜻도 아니다. 책임을 회피하지 않고, 감정을 얕잡아 보지 않겠다는 말이다. 웃으며 넘겼지만 마음에 남은 순간을 외면하지 않고, 괜찮다고 말했지만 실제로는 그렇지 않았던 마음을 알아차리는 것이다. 가볍지 않게 산다는 것은, 삶 전체를 진지하게 살겠다는 뜻이 아니다. 그저 내 삶을 함부로 대하거나 다루지 않겠다는 말이다.

나이가 들면 이 균형은 더 중요해진다. 지나치게 애쓰는 날이 쌓이면 몸과 마음이 먼저 힘들다고 신호를 보낸다. 또 너무 가볍게 넘기는 날이 이어지면 삶이 느슨해진다. 그래서 우리는 어느 쪽도 아닌 중심의 자리를 찾게 된다. 무겁지도 가볍지도 않은, 그러나 분명 나의 몫을 다한 하루의 시간을 말이다.

지나치지 않게, 가볍지 않게 산다는 것은 늘 중용만을 말하는 것이 아니다. 어떤 날은 넘치고, 어떤 날은 쉽게 흘려보낼 수 있다. 하지만 그 균형을 의식하는 순간이 있다는 것만으로도 삶은 크게 벗어나지 않을 것이다. 중심을 잃었음을 알아차릴 수 있다는 것은, 다시 돌아올 수 있는 분명한 힘이 된다.

오래 지속되는
삶의 속도

살다 보면 스스로에게 물어보는 시점이 생긴다. 더 빨리 가야 하는 건 아닌지, 지금 이 정도로는 부족한 게 아닌지, 남들보다 뒤처진 것은 아닌지 같은 생각이 마음을 흔들어 놓는다. 특히 눈에 띄는 성과와 변화가 기준이 되는 사회 환경에서는, 속도를 늦춘다는 사실이 곧 멈춤처럼 느껴지기 때문이다. 가만히 있으면 도태될 것 같다는 불안감이 업무와 일상의 속도를 자꾸 재촉하게 한다.

하지만 길게 가는 삶의 속도는 빠르게 돌아가는 일상과는 또 다른 문제이다. 그것은 지치지 않는 리듬에 가까워서, 오늘을 무리 없이 넘기고 내일을 다시 시작할 수 있는 상태로 유지시켜준다. 한 번에 멀리 가는 것보다, 매일 조금씩 이어 갈 수 있는 속도가 결국 내 삶을 끝까지 데려다준다. 이 속도에는 조급함 대신 지속성의 의지가 들어 있어야 한다.

빠른 속도의 삶은 늘 긴장감이 따라다닌다. 성과를 내기 위해 마음을 조여야 하고, 놓치지 않기 위해 늘 앞을 봐야 한다. 반면 지속 가능한 일에는 호흡이 있다. 잠시 멈춰 숨을 고르고, 방향을 확인하고, 다시 발을 떼는 여유가 있다. 이 여유는 스스로를 보호하기 위한 최소한의 안전장치라 할 수 있다.

나이가 들면서는 일의 속도에 대한 감각도 달라진다. 예전처럼 밀어붙일 수 없다는 것을 몸이 먼저 알려 주고, 마음도 무리한 선택을 경계한다. 빨리 가는 대신, 흔들리지 않게 가는 길을 택하는 것이다. 속도를 줄이는 것이 아니라, 나에게 맞는 일을 한 번 더 고민하는 것에 가깝다.

지속 가능하게 유지되는 것은, 드라마틱한 변화나 단숨에 이뤄지는 성취가 아니기 쉽다. 하지만 그런 속도로 쌓인 삶은 쉽게 무너지지 않는다. 속도가 삶을 대신할 수 없다는 사실을 받아들이는 순간, 우리는 비로소 자기 걸음으로 걷게 된다.

균형은 하루아침에
만들어지지 않는다

우리는 마음이 흔들릴 때마다 균형을 찾고 싶어 한다. 오늘만큼은 잘 조절하고, 오늘부터는 무너지지 않겠다고 다짐도 한다. 하지만 하루를 조금 잘 보냈다고 해서 곧바로 삶이 단정해지지는 않는 법이다. 균형은 단번에 만들어지는 것이 아니라, 부단한 노력 속에서 서서히 자리 잡는다.

균형을 잃는 순간은 대개 분명하다. 지나치게 애쓴 날, 너무 쉽게 포기한 날, 이성에 앞서 감정을 앞세운 날, 자신을 돌아볼 틈 없이 흘려보낸 날…. 반면 균형을 되찾는 순간은 잘 드러나지 않는다. 아주 작은 조정, 한마디를 덜 하거나 한 박자 늦춘 선택, 무리하지 않기로 한 결정 같은 것들이 쌓일 뿐이다.

하루아침에 균형을 잡는 감각을 만들어낼 수 없다는 사실은 어쩌면 다행이기도 하다. 오늘 조금 흔들렸다고 모든 것이 무너지지도 않으며, 오늘 조금 잘 버텼다고 해서 완성된 것도 아니니까. 균형은 흔들림을 전제로 한다.

나이가 들면 균형에 대한 기대도 달라진다. 완벽한 상태를 유지하려 하기보다, 크게 벗어나지 않는 선을 지키려 애쓴다. 하루쯤은 무너져도 괜찮고, 다시 돌아올 수 있다면 충분하다는 생각이 든다. 균형은 흔들리지 않는 상태가 아니라, 흔들린 뒤에 돌아오는 능력에 더 가깝다.

그래서 균형을 만드는 일은 삶의 태도와 닮아 있다. 오늘 조금 무리했다면 내일은 덜어내고, 오늘 가볍게 넘겼다면 다음에는 조금 더 마음을 쓰는 식이다. 그렇게 하루하루를 생활하다 보면, 어느새 삶은 크게 기울지 않은 방향으로 돌아갈 것이다.

균형은 삶을 덜 지치게 하고, 선택을 덜 후회하게 만들어준다. 하루아침에 만들어지지 않기에 우리는 다시 시도할 수 있고, 삶을 맞출 수 있다. 그 여지가 있다는 것만으로도 생활은 한결 부드러워진다.

3장

흔들리는 마음을
대하는 태도

에픽테토스는

우리가 겪는 고통의 대부분이

사건이 아니라 그 사건을 대하는

우리의 판단에서 비롯된다고 보았다.

바꿀 수 없는 일에 마음을 소모하기보다,

내가 선택할 수 있는 태도에 집중하는 것.

그의 철학은 감정을 억누르라는 말이 아니라,

감정에 끌려다니지 말라는 조언에 가깝다.

흔들리되 무너지지 않는 마음의 훈련이 그의 핵심이다.

에픽테토스(Epictetvs, 55년경 ~ 135년경)
고대 그리스 스토아 학파의 대표적인 철학자.

마음이 내 뜻대로
되지 않는 날

어떤 날은 마음이 말을 잘 듣지 않는다. 분명 괜찮아야 할 이유는 충분한데, 사소한 일에도 기분이 가라앉고 별것 아닌 말에 오래 마음이 쓰인다. 이성적으로는 이해가 되는데, 감정은 다른 방향으로 자꾸 흘러만 간다. 그럴 때마다 우리는 '이 정도로 흔들릴 일이 아닌데 왜 이렇게 예민해진 거야?!'라며 자신에게 따져 묻는다.

하지만 마음이란 원래 뜻대로 움직이지 않는다. 감정은 판단보다 느리고 경험보다 오래 남는다. 지나간 일이라도 마음 속에서는 아직 끝나지 않은 채 머물 수 있다. 그 사실을 받아들이지 않으면, 우리는 하루 종일 스스로와 씨름하게 된다.

마음이 뜻대로 되지 않는 날에는, 무엇을 고치려 하기보다 그대로 두는 연습이 필요하다. 지금의 감정이 왜 생겼는지를 당장 이해하지 못해도 괜찮고, 이유를 명확히 설명하지 못해도 괜찮다. 다만 그 마음이 존재한다는 사실을 인정하자. 그것만으로도 감정은 숨을 고를 수 있게 되니까.

나이가 들면서는 이런 날들이 더 낯설게 느껴질 수 있다. 예전에는 버텨 왔던 감정들이 이제는 그대로 드러나기 때문이다. 하지만 그것은 약해졌다는 신호가 아니다. 마음이 더 이상 무리하게 참지 않겠다는 표현일 수 있고, 어쩌면 자신에게 좀더 귀를 기울이라는 신호일 수 있다.

그날의 마음을 끝내 설득하지 못해도 괜찮다. 하루가 끝날 무렵까지 마음이 여전히 같은 자리에 있다 해도 괜찮다. 마음은 그렇게, 시간을 두고 정리되는 것이니까.

뜻대로 되지 않는 날도 삶의 일부라는 사실로 받아들일 때, 우리는 스스로를 덜 미워하게 된다. 마음이 뜻대로 되지 않는 날, 그 마음을 그대로 두는 선택도 충분히 의미가 있다.

바꿀 수 없는 일
앞에 서서

아무리 애를 써도 바꿀 수 없는 일 앞에 서게 될 때가 있다. 이미 지나가버린 선택, 되돌릴 수 없는 관계의 변화, 내 힘으로는 어찌할 수 없는 상황들이 있다. 그 앞에 서면 우리는 먼저 스스로를 탓하거나, 더 잘했더라면 달라졌을지 모른다는 가정을 되풀이하곤 한다. 바꿀 수 없다는 사실을 받아들이는 것보다, 아직 바꿀 수 있을 것처럼 마음을 붙잡는 것에 더 익숙해져 있기 때문이다.

바꿀 수 없는 일은 대개 소리 없이 조용히 다가온다. 큰 사건이 아니더라도, 서서히 방향이 바뀌거나 어느 순간 선이 그어지는 경우가 그렇다. 그때 우리는 한동안 그 선을 넘지 못한 채 서성이기 마련이다. 혹시 다른 길이 있지는 않은지, 조금만 더 애쓰면 달라지지는 않을지 마음속으로 되묻곤 한다. 그렇게 시간은 흐르고, 마음은 그 자리에 멈춰 선다.

하지만 바꿀 수 없는 일 앞에서 할 수 있는 선택이 완전히 사라지는 것은 아니다. 결과를 바꿀 수는 없어도, 그 결과를 대하는 태도는 여전히 남아 있기 때문이다. 무엇을 붙잡고 무엇을 놓을지, 어떤 마음으로 이 자리를 지나갈지 결정할 수 있다. 겉으로 드러나지 않지만, 이 선택은 삶의 질을 조금씩 바꾸어 놓는 역할을 한다.

나이가 들면서는 바꿀 수 없는 일들이 더 많아진다. 이미 지나온 시간과 선택들이 쌓여 녹아 있기 때문이다. 그럴수록 모든 것을 다시 고치려 하기보다, 받아들이는 힘이 더 중요해진다. 받아들인다는 것은 포기하는 것이 아니다. 더 이상 자신을 소모하지 않겠다는 뜻이다. 그런 결심이 있어야 다음 걸음을 뗄 수 있기 때문이다.

바꿀 수 없는 일을 받아들이는 과정은 늘 담담하지만은 않다. 마음은 여러 번 휘몰아치며 흔들리고, 감정 또한 쉽게 정리되지 않는다. 그럼에도 불구하고 어느 순간, 그 자리에 오래 머

묻지 않게 되는 날이 찾아온다. 여전히 아프지만, 그 아픔에 전부를 내주지 않게 되는 순간 말이다. 그때 우리는 비로소, 그일을 지나왔다는 사실을 깨닫게 된다.

바꿀 수 없는 일 앞에 섰을 때는, 그 자리에서 얼마나 오래 자신을 잃지 않는가가 중요하다. 결과가 아니라 태도가 남게 되고, 선택이 아니라 마음의 방향이 삶을 이끌어준다. 그렇게 지나온 하루는, 생각보다 단단한 흔적을 남긴다.

바꿀 수 없는 일 앞에서도 바른 태도를 선택할 수 있을 때, 삶은 다시 움직이기 시작한다.

붙잡을 것과
놓아야 할 것

　무엇을 붙잡고 가야 하는지보다, 무엇을 놓아야 하는지가
더 어려울 때가 있다. 붙잡고 있는 것에 익숙하고, 오래 함께
해 온 것일수록 놓는 일은 더 힘들고 망설여진다. 이미 들인 시
간과 마음이 크고 아까워서, 혹은 놓는 순간 모든 것이 무너질
듯한 두려움에 쉽게 손을 떼지 못하는 것이다.

　붙잡는 것은 의지처럼 보이지만, 때로는 두려움에 가깝다.
누구나 변화는 낯설고 두렵다. 다음을 알 수 없을 때 우리는 지
금의 상태에 더 매달리기 마련이다. 반대로 놓아야 할 것들은
조용히 신호를 보낸다. 더 이상 마음이 머물지 않거나, 애써 버
티지 않으면 이어 갈 수 없는 상태로 말이다. 그 신호를 알아차

려도 우리는 한동안 모른 척하며 지낸다.

물론 붙잡을 것과 놓아야 할 것이 늘 분명하고 명확하게 나누어지지는 않는다. 같은 일 안에서도 어떤 부분은 계속 가져가야 하고, 어떤 부분은 내려놓아야 하기도 하니까. 그래서 선택은 더 조심스러워지는 법이다.

나이가 들면 이런 선택은 더 자주 찾아오게 마련이다. 관계에서도, 일에서도, 삶의 태도에서도 예전에는 버텨 왔던 것들이 이제는 마음을 소모시키기 때문이다. 붙잡을 것은, 대개 나를 지치게 하지 않는 것들이다. 내일의 나를 조금 덜 무겁게 만들어주는 것들 말이다. 반대로 놓아야 할 것은, 계속해서 나를 설득하게 만드는 것들이다. 괜찮다고 애써 말하지 않으면 유지할 수 없는 관계와 상황들 말이다.

붙잡을 것과 놓아야 할 것을 구분하는 일은 단번에 이루어지거나 끝나지 않는다. 조금씩 되새김질하면서, 여러 번 흔들리면서 방향을 맞추어 나아간다. 이 과정에서 중요한 것은, 정확한 판단보다 스스로를 잃어버리지 않는 태도이다. 놓아야 할 것을 놓은 하루는, 비록 가볍지 않았더라도 오래 지속할 수 있는 힘을 내게 남긴다.

감정이
나를 끌고 갈 때

내가 내 감정을 이끌고 가는 것이 아니라, 감정이 나를 끌고 가는 것처럼 느껴지는 날이 있다. 사소한 말에 마음이 요동치고, 별일 아닌 상황에 생각이 한쪽으로 쏠린다. 이성적으로는 과하다는 것을 알면서도, 마음은 이미 그 방향으로 요동치며 움직이고 있다. 감정이 앞서고, 이성과 판단은 한참 뒤의 일로 여겨진다.

그럴 때 우리는 스스로를 탓한다. 왜 이렇게 흔들리는지, 왜 감정을 조절하지 못하는지 자책하곤 한다. 감정은 통제해야 할 대상이고, 다스리지 못하면 자신이 약해서 남에게 피해를 줄 거라는 생각도 하면서 말이다. 하지만 감정이 앞서는 순간은 누구에게나 찾아올 수 있다. 결코 의지가 부족해서가 아니다. 마음이 아직 정제되지 않았다는 신호에 가깝다.

감정이 나를 거칠게 끌고 갈 때, 가장 어려운 점은 당장 멈추어 서는 일이다. 이미 속도가 붙은 마음을 단번에 세우기는 쉽지 않다. 그래서 더 애써 누르거나, 아무 일도 아닌 척 지나치려고 애쓴다. 하지만 눌러둔 감정은 사라지지 않고, 다른 순간에 더 크게 돌아오곤 한다. 감정은 무시할수록 방향을 바꿔 다시 나타나곤 하니까.

이럴 때 필요한 것은, 감정을 이기려는 태도보다 한 걸음 늦추는 연습이다. 지금 이 감정이 어디서 왔는지, 무엇을 건드렸는지 당장 알지 못해도 괜찮다. 다만 이 감정이 나를 끌고 간다는 사실을 알아차리는 것만으로도, 마음의 속도는 조금 느려지게 되어 있다. 알아차림은 통제가 아니라 '거리 두기'를 하는 것이다.

나이가 들면 감정의 결도 달라진다. 젊을 때처럼 격렬하지 않은 대신 더 오래 남는다. 그래서 한 번 끌려가면, 그 여운이 하루 전체를 어둡게 만든다. 그럴수록 감정을 빨리 정리하려 하기보다, 하루 안에서 머물 자리를 허락하는 일이 필요해진다. 힘들고 어렵지만 감정이 나를 지나가게 하는 쉼 호흡 같은 연습이 필요하다.

감정이 나를 끌고 간 날에도, 하루는 끝이 나는 법이다. 감정이 정리되지 않은 채로 잠들 수도 있고, 여전히 같은 마음으로 아침을 맞을 수도 있다. 그럼에도 불구하고 괜찮다. 감정에 끌려간 하루라고 해서, 삶 전체가 그 방향으로 정해지는 것은 아니기 때문이다. 중요한 것은 감정이 나를 끌고 갔다는 사실을 알아차렸다는 점이다. 감정에 끌려간 날에도, 그 흐름을 알아차린다면 나는 다시 나에게 돌아올 수 있다.

애써 담담해지려
하지 않아도

괜히 담담해 보이려 애쓰는 날이 있다. 아무렇지 않은 얼굴로 하루를 버티고, 괜찮다는 말을 먼저 꺼내며 스스로 마음을 다잡는다. 흔들리는 모습을 보이고 싶지 않아서, 혹은 약해 보이기 싫어서 감정을 눌러두는 경우가 있다. 담담함은 성숙의 증거처럼 여겨지고, 무너짐은 피해야 할 적군처럼 다가온다.

하지만 애써 만든 담담함은 결코 오래 지속되지 않는다. 겉으로는 평온해 보여도, 마음속에서는 여전히 감정이 움직이고 있기 때문이다. 눌러둔 마음은 사라지지 않고, 다른 순간에 다른 모습으로 드러난다. 담담해지려는 노력이 커질수록 정작 마음은 더 바빠지고 요동친다. 감정을 정리하려다 오히려 감정에 매몰되고 매달리게 되는 경우가 허다하다.

담담함은 노력으로 이루어지기도 하지만, 그보다는 시간이 지나면서 자연스럽게 찾아온다. 충분히 흔들리고, 충분히 부대낀 뒤에야 비로소 마음은 제자리를 찾아낸다. 그 과정 없이 곧바로 담담해지는 것은, 오히려 마음의 속도를 무시하는 결과라고 할 수 있다. 마음에도 각자의 리듬이 있다는 사실을 잊지 말자.

나이가 들면 담담함에 대한 기대치도 달라진다. 이제는 웬만한 일에는 흔들리지 않아야 할 것 같고, 감정을 드러내는 일이 어색해지기도 하니까. 하지만 담담함은 감정이 없다는 뜻이 아니다. 감정을 끝내 부정하지 않는 태도에 가깝다. 애써 괜찮은 척하지 않아도, 마음이 스스로 가라앉을 시간을 허락하는 일을 말한다.

굳이 담담해지려고 애쓰지 않아도 괜찮다. 조금 예민해도 되고, 마음이 쉽게 가라앉지 않아도 된다. 그날의 상태를 있는 그대로 인정하는 순간, 감정은 더 이상 나를 시험하지 않는다. 감정은 받아들여질 때 비로소 지나갈 길을 찾는 법이다. 스스로를 다그치지 않아도 된다는 뜻이다.

오늘의 마음이 담담하지 않았다고 해서, 그 하루가 실패한 것은 아니다. 마음이 제 속도로 흘러가게 두었다면, 그 자체로 충분하다. 담담함은 목표가 아니다. 지나온 감정 뒤에 자연스럽게 남는 자리, 그것이 담담함이다. 애써 담담해지려고 하지 않아도, 마음은 제 시간이 되면 스스로 가라앉는다.

모든 일에
반응하지 않아도 되는 이유

살아낸다는 것은 반응해야 할 일들의 연속이라 할 수 있다. 말 한마디, 표정 하나, 지나가는 소문과 비교의 시선까지… 그렇기 때문에 마음은 쉬지 않고 자극을 받는다. 진실하고 성실하게 반응해야 한다고 가르쳤고, 또 그렇게 배워 왔다. 무심해 보이면 책임을 다하지 않는 사람처럼 느껴지기도 하니까. 그래서 크고 작은 일들 앞에서 마음을 일일이 내어주며 하루하루의 생활을 이어 간다.

하지만 모든 일에 반응하며 사는 것은 생각보다 많은 에너지를 요구하는 법이다. 필요 없는 말에도 마음이 움직이고, 지나쳐도 될 상황 앞에서 괜히 머뭇거린다. 그렇게 반응이 쌓이면, 정작 중요한 일 앞에서는 마음이 쉽게 지치게 된다. 무엇에 집중해야 하는지보다, 무엇에 흔들렸는지가 더 또렷이 남는다.

모든 일에 반응하지 않아도 된다는 말이 무관심해지라는 뜻은 아니다. 그저 반응의 기준을 스스로 정하겠다는 선택하란 의미이다. 지금의 나에게 정말 필요한 일인지, 마음을 쓸 만한 가치가 있는지 한 번 더 살펴보라는 것이다. 그 기준이 생기면, 삶의 불편함이 사라진다.

나이가 들면 이 선택은 더욱 중요해진다. 예전처럼 모든 상황에 즉각적으로 대응할 필요가 없다는 것을 경험으로 알게 되기 때문이다. 반응하지 않았다고 해서 모든 관계가 무너지는 것도 아니고, 한발 물러섰다고 해서 삶이 뒤처지는 것도 아니라는 사실을 깨닫게 된다. 그만큼 마음을 아낄 수 있는 지점도 분명해지는 것이다.

반응을 줄인다는 건 마음을 아끼는 일이다. 감정과 에너지를 아무 데나 쓰지 않고, 정말 필요한 곳에 남겨 두는 선택인 것이다. 그 선택 덕분에 우리는 덜 지치고, 덜 흔들리며 하루를 살 수 있다. 반응하지 않은 순간들이 쌓이면, 오히려 삶의 중심은 더 또렷해질 수 있다.

하루의 끝에서 가만히 생각해 보면, 반응하지 않았던 순간들이 마음을 편안하게 했다는 것 또한 깨닫게 된다. 말하지 않아도 괜찮았던 순간, 굳이 설명하지 않고 지나간 일들…. 그 선택들이 하루의 무게를 가볍게 만들어준다. 모든 일에 반응하지 않아도 될 때, 마음은 비로소 쉴 자리를 찾는다.

나를 지키는 거리

사람 사이에는 '거리'라는 것이 있다. 너무 가까우면 숨이 턱에 차고, 너무 멀면 마음이 닿지 않는다. 그런데 사람들은 그 거리를 스스로 무너뜨리며 살아가기도 한다. 이해해 주고 싶어서, 실망시키고 싶지 않아서, 혹은 관계를 잃고 싶지 않다는 이유로 서로 마음의 선을 조금씩 넘는다. 그렇게 가까워진 자리는 편안해 보이지만, 어느 순간부터는 나 자신이 보이지 않게 되기도 한다.

나를 지키는 거리는 차가워지기 위해 필요한 것이 아니다. 오히려 오래 가기 위해 필요한 여백이라 할 수 있다. 모든 감정에 즉각 응답하지 않아도 되는 거리, 상대의 기분을 전부 책임지지 않아도 되는 자리, 설명하지 않아도 나로 남아 있을 수 있는 공간 말이다. 그 거리가 있어야 마음은 숨을 고르고, 관계도 함께 숨을 쉴 수 있다.

사람들은 거리 두는 일을 불편해 한다. 조금 물러서면 이기적으로 보일까 걱정하고, 선을 긋는 순간 관계가 멀어질까 불안해 한다. 하지만 거리가 없을 때 관계는 오히려 빨리 닳는 법이다. 마음이 닳아 감정이 소진되면 결국 더 큰 단절로 이어지기도 한다. 나를 지키는 거리는, 관계를 끊는 선택이 아니라 관계를 오래 남기기 위한 선택일 뿐이다.

나이가 들면 이 사실을 몸으로 깨닫게 된다. 예전처럼 모든 관계를 다 안고 갈 수 없다는 것을, 모든 부탁에 응답할 수 없다는 것을 인정할 수밖에 없게 된다. 그때 필요한 것은 더 많은 인내가 아니다. 사람들과의 적절한 거리감이다. 그 거리가 있어야 나도 남고, 서로의 관계도 남는다.

나를 지키는 거리는 단단한 벽이 아니다. 오히려 상황에 따라 조절할 수 있는 유연한 선이라고 할 수 있다. 어떤 날은 조금 가까워도 괜찮고, 어떤 날은 한발 물러서야 그 마음이 유지된다. 거리를 스스로 선택한다는 자기 자신의 마음가짐이 중요하다. 자신이 선택하지 못한 가까움은 결국 부담으로 남게 마련이다.

하루의 끝에서 나는 어떤 거리로 사람을 만났는지, 그 거리가 나를 지켜주었는지 생각해 보자. 나를 지키는 거리를 허락한 하루는, 생각보다 덜 지치고 오래 기억에 남는다. 관계는 그 거리 위에서 비로소 결과를 내기 시작하니까. 나를 지키는 거리가 있을 때, 서로의 관계도 오래 남는다.

마음이
조용해지는 선택

살아낸다는 건, 끊임없는 선택의 순간과 마주쳐야 한다는 것을 의미한다. 말을 해야 하나 말아야 하나, 받아들일지 거절할지, 좀 더 애쓸지 여기서 멈출지… 이런 크고 작은 갈림길들이 앞에 놓여 있다는 말이다. 사람은 보통 옳아 보이는 쪽이나 유리해 보이는 쪽을 먼저 떠올리기 마련이다. 남들이 기대하는 방향, 손해 보지 않을 것 같은 선택을 고르며 하루하루를 이어 간다. 하지만 선택을 하고 난 뒤 마음이 더 소란스러워지는 날도 적지 않다.

마음이 조용해지는 선택은 대개 눈에 잘 띄지 않는다. 더 많은 것을 얻는 쪽이 아니라, 덜 소모되는 쪽에 가깝기 때문이다. 한마디를 보태는 대신 침묵을 고르고, 끝까지 설명하는 대신 그만두는 쪽을 택하는 것이다. 겉으로 보면 소극적인 선택처럼 보일 수 있지만, 마음에는 분명한 차이를 남긴다. 선택 이후의 감정이 무엇보다 솔직하게 그 차이를 깨닫게 해준다.

마음이 시끄러운 상태를 열정이나 책임감으로 착각하는 경우가 있다. 끝까지 붙들고 고민해야 성실한 것 같고, 쉽게 내려놓으면 무책임해 보일까 스스로를 경계하며 산다. 그래서 마음이 편해지는 쪽을 선택하면서도 괜히 불안해지곤 한다. 하지만 마음이 늘 불안하고 소란스러운 상태에서는 뭔가를 오래 지속하기 어렵다. 생각이 많아질수록 감정은 쉽게 지치고, 판단은 점점 흐려지니까.

나이가 들면서는 선택의 기준이 조금씩 달라진다. 무엇이 더 큰 성과를 가져오는지보다, 무엇이 마음을 덜 불편하게 하는지를 먼저 보게 된다. 마음이 조용해지는 선택은, 삶을 작게 만드는 결정이 아니라 삶을 오래 이어 가게 하는 결정임을 깨닫기 때문이다. 조용해진 마음 덕분에 다음 날은 더 분명한 상태로 시작할 수 있단 사실을 알게 된다.

마음이 조용해지는 선택이 늘 쉬운 것만은 아니다. 때로는 손해처럼 느껴질 때도 있고, 말하지 않은 것이 오래 마음에 남기도 한다. 그럼에도 그 선택으로 마음이 조금이라도 편해졌다면, 이미 충분하지 않은가. 삶은 늘 옳고 그름으로만 움직이지 않으니 말이다.

하루의 끝에서 자신의 선택을 되짚어 보자. 어떤 선택이 마음을 더 소란스럽게 하고 어떤 선택이 편하게 했는지 구분할 수 있다면, 그 하루는 자신에게 좀 더 친절한 날이었다 할 수 있겠다. 마음이 조용해지는 선택은, 삶을 오래 데리고 가기 위한 배려이다.

견디는 것이 아니라
받아들이는 것

어려운 일에 부딪혀 힘들고 고통스런 시간을 지나고 있을 때, 우리는 보통 '조금만 더 견디면 돼!'라든지 '이 정도는 버틸 수 있어!'라며 스스로를 다독인다. '견딘다'는 말에는 의지가 담겨 있다. 쉽게 무너지지 않겠다는 다짐 또한 담겨 있다. 그래서 아픔 앞에서 먼저 이를 악물고 버티는 쪽을 선택한다.

하지만 견디는 시간은 생각보다 많은 힘을 요구하는 법이다. 마음을 단단히 붙잡아야 하고, 감정을 눌러 두어야 하며, 흔들리지 않는 척 하루를 보내야 하기도 한다. 그렇게 버티는 동안 우리는 점점 자기 자신에게서 멀어져 가는 것을 느낀다. 아픈 줄 알면서도 아프지 않은 척하고, 힘든데도 괜찮다고 말하는 일이 아무렇지도 않게 반복된다.

받아들인다는 것은 그와는 전혀 다른 의미이다. 상황을 좋게 보려 애쓰는 것도, 아픔을 미화하는 일도 아니다. 그저 지금 내가 어려운 상태에 놓였다는 사실을 인정하는 일이다. 힘들다는 감정, 바꿀 수 없다는 현실, 마음이 쉽게 가라앉지 않는 하루를 그대로 놓아두는 태도에 가깝다. 이것을 받아들이는 순간, 더 이상 나 자신과 싸우지 않게 되고, 스스로 해쳐 나갈 방도를 모색하게 된다.

견뎌낼 때는 늘 끝을 전제로 힘든 시간을 참고 버틴다. 언제까지 버텨야 하는지, 언제쯤 나아질지를 반복해서 되새김질하고 계산하면서 스스로를 피곤하게 만든다. 반면, 받아들일 때는 지금 이 순간에 머무를 수 있다. 당장 해결되지 않아도 괜찮고, 바로 나아지지 않아도 괜찮다는 여지가 생긴다. 그 여지 덕분에 마음은 조금씩 안정을 되찾고, 다음을 기약할 수 있는 힘도 만들어낸다.

나이가 들면서는 받아들여야 할 일들이 더 많아진다. 뜻대로 되지 않은 선택들, 예상과 다른 결과들, 이미 지나가버린 시간들이 쌓이고 또 쌓인다. 그 모든 것을 견디려 들면 삶은 너무도 버거워진다. 받아들이는 태도는 포기가 아니라, 더 이상 자신을 소모하지 않겠다는 선택이라 할 수 있다.

받아들인다고 해서 아픔이 사라지는 것은 아니다. 다만 그 아픔이 나를 누르지 않는다. 끌려다니거나 매몰되지 않게 만들어준다. 견디는 동안에는 아픔이 중심이 되지만, 받아들이는 순간부터는 내가 다시 중심에 서게 된다. 당장에는 그 차이가 작아 보일지 몰라도 시간이 지나면 결과는 분명하게 달라져 있을 것이다.

하루의 끝에서 내 마음을 되짚어 보자. 오늘 나는 무엇을 견디려 했고, 무엇을 받아들이지 못했는가? 그 질문을 할 수 있다면, 이미 자신에게 조금 덜 가혹했던 하루가 되었다는 뜻이다. 견디려 애쓰는 순간보다, 받아들이는 순간에 마음은 먼저 놓인다.

흔들려도
무너지지 않는 중심

살아가는 동안 조금이라도 흔들리지 않는 날이 있을까. 예상하지 못한 말 한마디에 마음이 요동치고, 뜻밖의 상황 앞에서 생각은 이리저리 날개를 편다. 우리는 흔들린다는 사실 자체를 약함으로 여기며 중심을 잃었다고 평가하지만, 흔들림은 오히려 삶의 기본 상태에 가깝다.

중심이 있다고 흔들리지 않는 것은 아니다. 어떤 바람에도 움직이지 않는 단단함은, 현실적인 기준이 되기 어렵다. 중심이란 흔들리는 와중에도 완전히 무너지지 않는 자리를 말한다. 마음이 기울었다가도 다시 돌아올 수 있고, 감정이 앞서도 자신을 잃지 않는 상태 말이다. 중심은 고정된 점이 아니라, 혼란한 가운데도 다시 돌아올 수 있는 의식에 가깝다.

인간은 흔들릴 때마다 자신을 바로잡으려고 애쓴다. 빨리 평정심을 찾고, 감정을 정리하고, 아무 일도 없었던 것처럼 돌아가려고 노력한다. 하지만 중심은 그렇게 급하게 세워지지 않는 법이다. 오히려 흔들린 시간을 경험으로, 무엇이 나를 다시 붙들어주는지 알아가는 과정 속에서 조금씩 단단해지는 것이라고 할 수 있다.

나이가 들면서부터는 중심에 대한 의식도 달라진다. 더 이상 모든 상황을 통제하려 하지 않고, 모든 감정을 설명하려 들지도 않는다. 대신 흔들리는 자신을 낯설어하지 않는 법을 그동안의 경험으로 알게 된다. 흔들렸다는 사실을 인정하고, 그 안에서도 나를 지키는 선택이 무엇인지 자기 자신을 다시 한 번 살펴보게 된다. 그런 태도가 중심을 새롭게 만들어낸다.

흔들려도 무너지지 않는 중심은 대단한 결심에서 나오지 않는다. 하루를 마치며 나를 돌아보고, 과하지 않게 스스로를 다독이며, 다시 시작할 여지를 남겨 두는 일에서 생겨난다. 그렇게 쌓인 작은 선택들이 어느 날, 쉽게 무너지지 않는 자기만의 의식으로 자리매김한다.

하루의 끝에서 내가 스스로 알게 되는 것이 있다. 오늘도 흔들렸지만, 결국 다시 나로 돌아왔다는 사실이다. 그 깨달음이 있다면, 이미 중심을 지켜낸 하루가 되었다는 뜻이다. 흔들림 속에서도 자신을 잃지 않았다는 사실이 삶을 살아가게 하는 나의 힘이다. 흔들려도 다시 돌아올 수 있다면, 중심은 이미 그 자리에 있다.

4장

나이 든다는
생각에 대하여

키케로는

나이듦을 쇠퇴가 아니라

성숙의 시간으로 바라보았다.

젊음이 사라진 자리에 판단력과 절제,

그리고 삶을 바라보는 깊이가 남는다고 믿었다.

그는 늙어 감이 두려운 것이 아니라,

비어 있는 채로 나이를 먹는 것이 문제라고 말한다.

경험을 사유로 바꾸고 시간을 지혜로 전환하는 태도,

그것이 키케로가 말한 노년의 품격이다.

마르쿠스 툴리우스 키케로(Marcus Tullius Cicero, B.C. 106 ~ 43)
고대 로마 공화정 말기의 정치가, 변호사, 웅변가, 문학가, 철학자.

예전 같지 않다는
말의 의미

어느 때부터인가 정확히 인지하지는 못하지만, '예전 같지 않다'라는 말을 입에 올리는 일이 많아졌다. 몸의 반응이 느려졌다는 뜻일 수도 있고, 마음이 쉽게 달아오르지 않는다는 고백일 수도 있다. 예전에는 당연하던 일들이 이제는 버겁게 느껴지고, 한때는 가볍게 넘겼던 선택 앞에서 주춤거리게 된다. '예전 같지 않다'라는 말 속에는 지난 시간의 아쉬움과 현실의 낯섦이 함께 섞여 있다.

사람들은 흔히 '예전 같지 않다'라는 말을 부족해졌다는 의미로 착각해서 받아들인다. 잃어버린 것들을 떠올리고, 되돌릴 수 없는 시간을 아쉬워하면서 말이다. 하지만 '예전 같지 않다'라는 생각에는 다른 의미도 숨어 있다. 무리하던 방식에서 벗어나고, 불필요한 경쟁에서 한발 물러서며, 삶을 대하는 태도가 달라졌다는 신호일 수도 있다.

예전에는 빨리 움직이는 것이 중요했고, 즉각적인 행동을 능력처럼 여겨 왔다. 지금은 예전과는 많이 달라졌다. 한 번 더 생각하고, 조금 더 살피고, 지나치게 앞서가지 않으려는 마음이 자연스럽게 생겨난다. 속도가 줄어든 자리에 신중함이 남고, 열기가 가라앉은 자리에 균형이 자리 잡게 된다. '예전 같지 않다'라는 말은, 삶의 리듬이 바뀌고 있다는 현실을 우회적으로 혹은 부지불식간에 보여주는 반증이라 할 수 있다.

나이가 들면 '예전 같지 않은' 상황에 더 자주 노출된다. 체력만의 문제가 아니다. 마음의 기준이 달라지니 더욱 그렇게 느껴지는 것이다. 무엇이 중요한지, 어디까지 애써야 하는지에 대한 생각이 달라져 있다. 예전처럼 모든 것을 다 안고 갈 수 없다는 것을 깨닫게 되고, 그 대신 지켜야 할 것들은 명확해진다. 신택할 수 있는 것들은 줄어들어 가지만, 그렇다고 선택의 무게가 가벼워지는 것은 아니다.

'예전 같지 않다'라는 말을 부정할 필요는 없다. 그것은 퇴

행의 증거가 아니라, 경험에서 나오는 균형의 결과라 볼 수 있기 때문이다. 이는 더 이상 맞지 않는 옷을 벗고, 지금의 몸에 맞는 옷을 고르는 과정과도 같다. 그 속에서 인간은 스스로의 에너지를 회복하고, 좀 더 지속 가능한 방향을 찾아낸다.

하루의 끝에서 '예전 같지 않다'라는 말을 다시 떠올려 보라. 그 말이 정말 잃어버린 것만을 뜻하는지, 달라진 나를 일깨워주는 삶의 신호인지 생각할 수 있다면, '예전 같지 않다'라는 말은 이제 변화의 의미를 품은 한 문장이 된다. '예전 같지 않다'라는 말은, 지금의 나에게 맞는 삶으로 옮겨 가고 있다는 신호와 같다.

몸이 먼저
알려오는 시간

어느 순간부터 몸이 먼저 말을 걸어올 때가 있다. 예전 같으면 그냥 넘겼을 피로가 하루를 붙잡고, 잠깐의 무리가 며칠의 여운으로 남는 경우도 있다. 마음은 아직 괜찮다고 말하는데, 몸은 이미 속도를 줄이라고 신호를 보내는 것이다. 그럼에도 우리는 그 신호를 대수롭지 않게 여기며 생활해 나간다.

대부분 몸의 이상 신호는 갑작스럽게 찾아온다. 특별한 사건이 없는데도 쉽게 지치고, 회복에 걸리는 시간이 예전과 다르게 더디다. 그제시야 '몸이 약해졌네'라거나 '관리를 너무 안했네'라면서 자책하지만, 몸의 변화는 실패의 증거가 아니다. 삶의 단계가 바뀌고 있다는 알림이라고 보면 된다. 더 이상 예전 같은 방식으로는 살아갈 수 없다는, 아주 솔직한 신호인 것이다.

몸은 마음과 달리 굉장히 정직하다. 무리한 선택 앞에서 먼저 멈추고, 지나친 욕심 앞에서 먼저 경고의 신호를 보낸다. 마음으로는 계속 갈 수 있다고 말하지만, 몸은 이미 한계를 알고 있다. 그래서 몸의 반응을 무시한 채 생활한 하루는, 결국 더 큰 피로가 되어 돌아온다. 몸은 결코 이유 없이 아프지 않는 법이니까.

나이가 들면, 예전처럼 버티는 것이 능력이 아니라는 사실을 서서히 받아들이게 된다. 조절하는 것이 지혜라는 것을 몸이 가르쳐주기 때문이다. 쉬어야 할 때 쉬고, 덜어내야 할 것은 또 덜어내고…. 속도를 다시 맞추는 일은 후퇴가 아니다. 균형을 잡기 위한 조정 행위라고 생각하면 된다. 먼저 몸이 알아차리는 것은, 내 삶의 균형을 다시 살펴보라는 적절한 신호라고 할 수 있다.

몸의 말을 듣는다고 해서 모든 신호에 즉각 반응하겠다는 뜻은 아니다. 그저 '어떤 신호든 무시하지 않겠다'라는 태도라고 보면 된다. 오늘은 조금 쉬어 가도 괜찮고, 내일로 미뤄도 괜찮다는 선택을 스스로에게 허락하는 것이다.

하루의 끝에서 내 몸의 상태를 살피는 시간을 갖자. 오늘은 무엇이 버거웠는지, 어디에서 무리했는지 한 번쯤 짚어 보는 것이다. 스스로 점검해 본 날이라면, 이미 자신을 조금 더 깊이 들여다본 하루였다고 말할 수 있다. 몸이 먼저 알려오는 신호를 알아차렸다면, 이미 나에게 필요한 것을 찾기 시작한 하루가 된 것이다.

젊음이 사라진
자리에 남은 것

한때는 당연했던 힘과 기세가 조금씩 사라지는 느낌이 들 때가 있다. 몸의 반응이 느려졌다는 감각일 수도 있고, 마음이 쉽게 달아오르지 않는다는 자각일 수도 있다.

젊음의 힘이 사라진 자리는, 처음엔 횅하니 비어 있는 것처럼 느껴진다. 더 이상 무리하지 못하고, 즉각적인 열정으로 밀어붙이기 어려워졌다는 것을 아쉬움으로 확인하게 된다. 우리는 그 자리를 결핍으로 해석하며 잃어버린 것만 생각한다. 되돌릴 수 없는 시간을 떠올리고 안타까움만 남긴다. 하지만 그 자리에 정말 아무것도 남지 않았을까?

자세히 들여다보면, 젊음의 힘이 물러난 자리에는 다른 것들이 남아 있다. 일의 안팎을 한 번 더 생각하게 만드는 여유, 쉽게 판단하지 않는 신중함, 불필요한 경쟁에서 한발 물러설 수 있는 거리감 같은 것들 말이다. 예전에는 몰랐던 무게와 깊이가 자연스럽게 마음에 깃든다. 눈에 띄지 않지만, 삶을 안정적으로 지탱해 주는 보이지 않는 힘이다.

나이가 들면 일의 경중을 살피는 힘이 중요해진다. 얼마나 빨리 가느냐보다 어디로 가고 있는지가 더 또렷해져야 한다. 젊음이 사라진 자리에 남은 것은 경험이고, 그 경험은 곧 선택의 기준점이 된다. 무엇을 피해야 하는지, 굳이 애쓰지 않아도 되는 것은 무엇인지를 깨닫게 해준다. 덕분에 삶은 조금 덜 불안해지고, 무난하고 지속 가능한 선택도 하게 된다.

젊음이 사라졌다고 해서 열정이 함께 사라지는 것도 아니다. 다만 그 열정과 모양이 달라졌을 뿐이다. 화끈하게 불타오르기보다 오래도록 데워지고, 단숨에 치솟기보다 서서히 이루어지는 이치를 경험으로 깨달았기 때문이다. 그 변화는 약해졌다는 의미가 아니다. 오히려 다른 방식으로 강해졌다는 뜻이다. 젊음이 사라진 자리에는, 삶을 있는 그대로 바라보게 하는 인생의 깊이가 자리 잡고 있다.

서두르지 않아도 되는
이유

어느 순간부터 서두르지 않아도 된다는 사실을 조금씩 깨우치게 된다. 예전에는 뒤처질까 봐, 기회를 놓칠까 봐 늘 앞을 보며 달려야만 했다. 빨리 결정하고, 빨리 움직이는 것이 능력처럼 여겨졌고, 망설임은 약점으로 취급받았다. 그런 까닭에 서두르지 않는 선택 앞에서는 늘 가슴 졸이는 불안이 먼저 찾아왔다.

하지만 시간이 지나면서 서두른 결정이 늘 좋은 결과로 이어지지만은 않는다는 걸 깨닫는다. 급하게 내린 판단 때문에 마음은 따라가지 못했고, 충분히 살피지 못한 선택은 나중에 더 많은 실망과 그에 따른 설명을 요구했다. 서두르지 않았더라면 피할 수 있었던 일들이 더 많았다.

서두르지 않는다는 건 멈춘다는 뜻이 아니다. 속도를 늦춘 채 방향을 확인하는 일이다. 한 번 더 생각하고, 한 박자 숨을 고르며, 지금의 내가 감당할 수 있는 선택인지 살피는 과정이라 할 수 있다. 이 과정이 있을 때 선택은 좀 더 분명해지고, 마음 또한 불필요한 에너지를 쓰지 않게 된다.

나이가 들면 서두름이 가져오는 대가를 몸이 먼저 느끼게 된다. 바쁘게 지나온 시간만큼 회복에는 더 많은 시간이 필요한 법이니까. 무리한 선택은 힘든 여운을 오래 남긴다. 그러니 서두르지 않는 것은 게으름이 아니다. 지속적으로 나아가기 위해 균형을 맞추는 자기만의 노력이라 할 수 있다. 속도를 늦추는 대신, 좀 더 단단한 결과를 만들어내는 것이다.

서두르지 않아도 되는 이유는 분명하다. 삶에는 정해진 도착점이 없기 때문이다. 누군가의 속도를 따라가지 않아도 되고, 같은 시기에 같은 결과를 내야 할 이유 또한 없다. 각자의 속도로 걸어도 삶은 충분히 이루어진다. 서두르지 않는 순간, 우리는 비로소 자기 걸음을 의식하게 된다. 서두르지 않아도 된다는 것을 아는 순간, 삶은 비로소 제 속도를 찾는다.

이제야
알 것 같은 마음

살아오면서 수없이 들었던 말들이 있다. 당시에는 고개를 끄덕였어도, 마음까지 닿지는 않았던 말들이다. '시간이 더 필요하다'라거나, '지나고 나면 알게 된다' 같은 말들은 늘 나중의 이야기처럼 느껴졌고, 지금의 삶과는 동떨어져 있는 조언처럼 들렸다.

그런데 어느 날 문득, 그 말들이 떠오를 때가 있다. 특별한 계기가 있어서라기보다, 비슷한 장면 앞에 다시 서 보니 마음이 먼저 반응하는 거다. 예전 같았으면 지나쳤을 선택 앞에서 멈추고, 굳이 설명하지 않아도 되는 감정을 알아차리게 된다. 이제야 알 것 같은 마음은, 그렇게 조용히 찾아온다.

이제야 알게 되는 것들은 어찌 보면 사소한 것들이다. 사람을 대하는 태도, 나를 지키는 방식, 너무 애쓰지 않아도 되는 것들에 대한 이야기…. 한때는 답답하게 느껴졌던 조언들이, 지금의 삶에서는 오히려 가장 현실적인 말로 다가온다.

나이가 들면, 깨달음은 더 이상 번쩍이는 순간과 함께 오지 않는다. 여러 번의 선택과 그 경험의 후과後果를 지나온 끝에, 자연스럽게 마음에 스며든다. 그래서 이제야 알게 된 마음은 쉽게 말로 설명되지 않고, 굳이 남에게 증명할 필요도 없다. 그저 다음 선택 앞에서 조금 더 편안해질 뿐이다.

이제야 알 것 같은 마음에는 아쉬움도 함께 섞여 있다. 조금만 일찍 알았더라면 덜 돌아갔을 길들이 떠오르기도 한다. 하지만 그 마음은 곧 다른 생각으로 이어진다. 그때는 알 수 없었기에 여기까지 올 수 있었고, 돌아온 시간 덕분에 지금의 내가 있다는 사실에 대한 감사이다.

하루의 끝에서 조용히 고개를 끄덕이게 되는 순간이 있었다면, 이미 그 하루는 충만한 것이다. 이제야 알 것 같은 마음은 삶이 늦게 가르쳐준 것이 아니라, 내가 이제야 들을 준비가 되었다는 신호이기 때문이다.

천천히
깊어지는 관점

세상을 바라보는 관점이 달라지는 순간이 있다. 예전에는 먼저 판단하고, 빠르게 결론 내리려 했다. 좋고 나쁨을 가르는 데 오래 걸리지 않았고, 무엇이 옳은지에 대한 생각도 비교적 분명했다. 그래서 시선은 늘 앞을 향했고, 관점의 속도는 판단의 기준처럼 여겨져 왔다.

하지만 시간이 지나면서 시선은 자연스럽게 느려졌다. 한 장면을 더 오래 바라보게 되고, 말 한마디의 맥락을 조금 더 살피게 되었다. 겉으로 드러난 모습보다 그 뒤에 놓인 속사정을 떠올리고, 단정짓기보다 잠시 멈추는 쪽을 택하게 되었다. 그렇게 시선은 서서히 깊이를 더했다.

천천히 깊어지는 관점은 모든 것을 이해하겠다는 욕심에

서 나오지 않는다. 오히려 다 알 수 없다는 사실을 받아들이는 데서 시작된다. 사람도, 상황도, 삶도 한두 가지 이유로 설명되지 않음을 알게 될수록 판단은 조심스러워지고, 말은 줄어든다. 그 자리에 생기는 여백이 관점을 더 깊게 만들어준다.

나이가 들면 이 변화는 더 분명해진다. 예전처럼 즉각적인 반응보다, 한 번 더 생각하는 것이 자연스러워진다. 속도가 줄어든 자리에 무게가 남고, 말수가 적어진 자리에 이해의 폭이 넓어진다. 관점이 깊어진다는 것은, 삶을 서두르지 않고 바라보게 된다는 뜻이다.

천천히 깊어지는 관점은 삶을 복잡하게 만들지 않는다. 오히려 불필요한 오해를 줄이고, 스스로 소비시키는 에너지를 막는다. 모든 일에 의견을 내지 않아도 되고, 모든 상황을 정리하려 애쓰지 않아도 괜찮다. 그 덕분에 마음은 조금 더 안정적인 자리를 찾아 나아간다.

관점이 깊어진다는 것은, 그만큼 삶과의 거리가 가까워졌다는 뜻이다. 천천히 깊어지는 관점은, 삶의 고단함을 더 이해하게 만든다.

경험이 말로
표현될 때

말이 줄어드는 시기가 있다. 하고 싶은 이야기가 없어서라기보다, 쉽게 말로 옮길 수 없는 시간들이 쌓였기 때문이다. 예전에는 생각이 곧 말이 되었고, 말이 곧 입장을 대신했었다. 하지만 시간이 지나면서 어떤 경험들은 말이 되기까지 오래도록 생각 안에 머물 때가 있다. 충분히 지나서야, 비로소 입 밖으로 나올 수 있는 말들이 있다.

경험이 아직 내 안에서 성숙되지 않았음에도 우리는 서둘러 입 밖으로 말을 토해낸다. 빨리 정리해서 설명하고, 교훈처럼 꺼내놓고 싶어 한다. 하지만 충분히 정리되지 않은 말은 금세 가벼워지고, 듣는 사람보다 말하는 사람을 먼저 지치게 만든다. 그래서 어떤 경험들은 차라리 말이 되지 않은 채 마음속에 남아 있는 편이 훨씬 나을 때도 있다.

경험이 말이 될 때는, 그 경험이 나를 불편하지 않게 했을 때다. 여전히 기억나지만 감정이 앞서지 않고, 떠올려도 스스로를 변명하지 않게 되는 순간이다. 그때의 말은 설명이 아니라 공유에 가깝다. 무엇을 증명하려 들지도 않고, 굳이 설득하려고 하지도 않는다. 그저 지나온 시간을 있는 그대로 건네는 것이다.

나이가 들면 이런 상황들이 늘어난다. 쉽게 조언하지 않게 되고, 함부로 결론 내리지도 않는다. 대신 묻는 사람의 이야기를 더 오래 듣게 되고, 말해야 할 때와 함구해야 할 때를 구분하게 된다. 경험이 말이 된다는 것은, 말의 무게를 알게 되었다는 뜻이다.

경험이 말이 되기까지는 시간이 필요한 법이다. 충분히 흔들리고, 여러 번 돌아보고, 스스로에게도 납득이 되었을 때 비로소 말이 되어 나온다. 그 말은 크지 않고 길지 않다. 하지만 그런 말은 쉽게 사라지지 않고 오래 마음에 남는다. 경험이 말을 이끌어 나갈 때는, 말하는 이의 품위와 격을 대변한다.

서두르지 않고
늦어서 가능한 선택

어느 때부터인가 무언가 결정을 앞두고 서두르는 일이 부쩍 줄어들었다. 예전 같았으면 놓칠까 봐 급히 손을 뻗었을 기회 앞에서도, 이제는 한 박자 멈춰 서는 경우가 많아졌다. 늦었다는 생각이 먼저 들 때도 하지만, 그 늦음 덕분에 보이는 것들이 있기 때문이다. 급할 때는 보이지 않던 조건이 마음의 여유를 가지고서야 또렷하게 보이는 것이다.

늦었다는 생각은 대개 아쉬움이 앞선다. 더 일찍 알았더라면, 더 빨리 결정했더라면 달라졌을지 모른다는 생각이 따라오기 마련이다. 하지만 늦어서 가능한 선택도 분명히 있다. 충분히 겪어 본 뒤에야 피할 수 있는 잘못된 길, 여러 번 돌아온 끝에야 놓을 수 있는 욕심과 집착, 서두르지 않아서 지켜낼 수 있었던 또 다른 것들이 있다.

늦는다는 건, 단순하게 판단하라는 말일 수도 있다. 무엇이 중요한지, 무엇을 놓아야 되는지가 분명하게 가려지기 때문이다. 예전에는 모든 가능성을 붙잡으려 했다면, 이제는 감당할 수 있는 만큼만 결정하면 된다. 숙고 끝에 한 선택은, 욕심을 덜어내고 삶의 무게를 가볍게 만들어준다.

나이 들어서 하는 선택은 대개 조용하다. 크게 방향을 틀기보다, 이미 와 있는 자리에서 조금 더 나다운 쪽으로 결정하기 때문이다. 늦었다는 생각에 무리하지 않고, 충분히 생각한 뒤에 움직인다. 그래서 그 선택은 화려하지 않지만, 꾸준함을 유지한다. 흔들림에도 강한 이유가 거기에 있다.

늦어서 가능한 선택은 실패의 보상이 아니다. 지나온 시간에 대한 이해가 만들어낸 결과에 가깝다. 그동안의 시행착오가 없었다면, 그 선택은 불가능했을지도 모른다. 늦었기에 덜급해졌고, 덜급해졌기에 더 정확해졌다. 깊이 생각한 다음의 선택은, 서두르지 않게 된 삶이 건네는 선물이다.

나이를
받아들인다는 것

나이 먹는다는 건 자연의 이치와 크게 다를 게 없는데도, 우리는 나이를 받아들이는 걸 체념과 혼동하는 경향이 있다. 세상일에 대해 더 이상 기대하지 않게 되고, 일에 대한 열정을 내려놓는 것처럼 생각한다.

하지만 실제로 나이를 받아들인다는 것은 포기와는 전혀 다른 문제다. 무엇을 더 붙잡지 않아도 되는지, 무엇을 굳이 증명하지 않아도 되는지 경험을 통해 알게 됨으로써 삶을 대하는 방식을 좀 더 명확하게 자신에게 맞추는 일이다.

지난 시간과 나이를 받아들일 때 중요한 것은, 다른 사람과 비교하지 않는 자세다. 남들보다 앞서든 뒤처지든, 그런 것은 중요하지 않다. 그보다는 지금의 내가 감당할 수 있는 일과 진행하는 방향이 무엇인지에 더 마음을 써야 한다. 그런 사항들이 걸음을 한결 가볍게 만들어준다.

나이가 들면 시간은 더 빠르게 느껴지지만, 동시에 내 삶의 현상은 확연히 달라진다. 무엇을 더 채우기보다 어떻게 지킬지를 고민하게 되기 때문이다. 나이를 받아들임으로써 생기는 이 변화 앞에서 우리는 자신을 몰아세우지 않는 선택을 해야 한다. 예전의 기준을 그대로 들이대지 않고, 지금의 나에게 맞는 기준을 새로 세워야 한다.

나이를 받아들였다는 것은, 지금의 나로도 충분히 살아갈 수 있다는 생각과 용기를 얻는 일이다. 그런 자신이 생기면 조급함은 줄어들고, 삶은 조금 더 단단해진다. 나이를 받아들인다는 것은, 삶을 안정시키는 방식이며 지금의 나로 잘 살아가고 있단 뜻이다.

5장

관계 속에서
지치지 않으려면

공자의 철학은 관계 속에서 드러난다.

그는 사람 사이의 예와 배려를 억압이 아니라

삶을 부드럽게 만드는 질서로 보았다.

관계를 유지하는 핵심은 상대를 바꾸는 데 있지 않고,

스스로의 태도를 가다듬는 데 있다.

공자에게 좋은 삶이란

혼자만의 완성이 아니라,

타인과 함께 무너지지 않고 오래 가는 삶이었다.

공자(孔子, B.C. 551 ~ 479)
이름은 공구(孔丘). 고대 중국 춘추시대의 사상가. 노나라의 문신이자 시인.

다 이해하려
들지 않아도

어느 순간, 많은 것들을 이해하면서 살아왔다는 사실을 깨닫게 된다. 사람의 말과 행동, 관계의 변화, 예상과 다른 결과까지도 이유를 붙여 설명하고 설득하려 한다. 이해하지 못하면 마음이 불편해지고, 설명되지 않는 감정 앞에서는 스스로를 설득하려 든다. 다 이해해야 비로소 괜찮아질 수 있는 것처럼 자꾸만 답을 찾는 쪽으로 마음을 몰아간다.

하지만 삶에는 끝내 이해되지 않는 것들이 너무나 많다. 아무리 깊이 되새겨 봐도 이유가 분명해지지 않는 말, 설명을 덧붙일수록 더 복잡해지는 관계, 납득하면 할수록 마음만 지치는 상황들이 그렇다. 그 앞에서 우리는 이해하지 못한 자신을 탓하거나, 아직 충분히 노력하지 않았다고 여기며 마음을 더 몰아붙인다. 이해가 안 되는 상태 자체를 실패처럼 느끼기 때문이다.

분명한 것은, 다 이해하려 하지 않아도 괜찮다는 사실이다. 이해하지 못해도 삶은 이어지고, 설명하지 않아도 하루는 지나간다. 이해를 못하거나 부족해서 무너지는 것이 아니라, 이해하려다 지치는 경우가 더 많다. 그러한 경험을 통해 얻은 깨달음은 마음의 힘을 덜 쓰게 한다.

나이가 들면 이 생각은 조금 더 분명해진다. 모든 사정과 마음을 꿰뚫어 보려 하기보다, 알 수 없는 부분을 남겨 두는 편이 관계를 덜 복잡하게 만든다는 것을 깨닫게 된다. 다 이해하려 하지 않는 태도는 무관심이 아니라, 감당할 수 있는 만큼만 마음을 쓰겠다는 선택이다. 그 선택 덕분에 관계는 좀 더 여유 있는 공간을 만들 수 있다.

이해하지 않아도 존중할 수 있고, 납득하지 못해도 받아들일 수 있다. 모든 것을 설명하려 들지 않을 때 오히려 마음은 가벼워지고, 관계는 복잡하지 않고 단순함을 유지한다. 다 이해하려는 부담을 내려놓는 순간, 우리는 자신을 조금 더 편한 마음으로 대하게 된다.

　하루의 끝에서 지나간 시간을 되짚어 보자. 굳이 다 이해하지 않아도 괜찮았던 장면은 없었는가? 굳이 말로 풀지 않아도 되었던 일, 설명하지 않아도 괜찮았던 감정 하나쯤 떠올려 보자. 그 장면 하나라도 떠올릴 수 있었다면, 오늘은 이미 자신에게 여지를 남긴 하루일 터이다. 다 이해하지 못해도 괜찮다. 이해하지 못한 삶도 이어진다는 사실은 분명하니까.

말보다 태도가
남는 순간

　말을 앞세우게 되는 순간이 있다. 말로 상황을 설명하려 하고, 오해를 풀기 위해 더 많은 말이 보태진다. 말을 많이 하면 말하는 사람의 마음도 충분히 전해질 거라 믿으면서…. 그래서 다급할수록 말은 길어지고, 마음은 점점 분주해진다. 애써 정리한 말들이 오히려 상황을 더 복잡하게 만들기도 한다. 하지만 시간이 지나 돌아보면, 그때 무엇을 말했는지는 흐릿하고 불편한 장면만 또렷하게 기억에 남는다.

　말보다 태도가 남는 순간은 대개 조용하기 마련이다. 크게 설명하지 않았는데도 그 울림이 오래 기억된다. 조급해지지 않으려 한 태도, 끝까지 듣고자 했던 자세, 굳이 자신을 앞세우지 않았던 장면들이 인상에 남는다. 말은 흘러가도 말하는 사람의 태도는 그날의 분위기를 만들고, 보는 이의 기억 속에 잔잔히 남게 한다. 그래서 어떤 날은 말이 거의 기억나지 않아도, 그 사람의 태도만은 선명하게 떠오른다.

말은 상황에 따라 달라질 수 있지만, 태도는 비교적 일관적이다. 같은 말을 해도 어떤 태도로 했는지에 따라 전해지는 의미는 평의하게 달라진다. 그래서 말이 부족했던 순간보다, 태도가 불편했던 날이 더 오래 마음에 남는 법이다. 태도는 설명이 아니라 관계의 기억에 남기 때문이다. 말은 흘러가고 지워져도, 태도는 보는 이의 마음속에 남아 있다.

나이가 들면 이 차이는 더 분명해진다. 말로만 설득하려 애쓰기보다, 어떤 태도와 말로 그 자리에 있었는지를 돌아봐야 한다. 하지 못한 말이 있어도 태도가 흐트러지지 않았다면, 듣는 사람의 마음은 크게 흔들리지 않는다. 말보다 태도가 남는다는 사실을 알게 되면, 굳이 모든 순간을 말로 채우지 않아도 괜찮다. 조용하게 기다리는 태도가 오히려 더 큰 신뢰를 준다는 것도 깨닫게 된다.

태도는 그 사람의 흔적과 같다. 조급함 대신 여유를 선택한 순간, 변명 대신 침묵을 지킨 시간, 이기려 하기보다는 존중했던 마음의 태도가 그것이다. 이런 것들은 눈에 띄지 않지만, 사람의 무게를 바꾸어 놓는다. 말은 사라져도, 태도는 그날의 나를 증명하게 되니까. 그리고 그 증명은 시간이 지나도 쉽게 지워지지 않고 사람들 기억 속에 남아 있다.

하루의 끝에서 오늘을 한 번 짚어 보자. 말이 부족했던 장면보다, 태도가 남았던 순간이 있었는지 떠올려 보자. 말보다 태도가 남는 순간은, 삶이 눈에 보이지 않게 단단해지는 지점이라 할 수 있다. 말이 지나간 자리에도, 태도는 오래 남아 보는 사람의 마음을 지킨다.

오래 가는
관계의 조건

관계는 시작보다 유지가 더 어려운 법이다. 처음에는 서로를 이해하려는 마음이 앞서고, 작은 차이도 배려로 감싸며 넘어간다. 하지만 시간이 더할수록 관계는 익숙해지고, 익숙함 속에서 기대는 조금씩 커져 간다. 그런 기대가 어긋날 때, 인간은 관계의 지속을 다시 생각하게 된다.

오래 지속되는 관계에는 뭔가 특별한 기술이 필요한 것처럼 보이지만, 실제로는 아주 단순하다.

무엇보다 중요한 것은 서로를 바꾸려 하지 않는 자세다. 좋은 의도라 해도 상대를 고치고 가르치려는 마음이 앞서면, 관계는 금세 피곤해지고 틈이 생긴다. 오랫동안 지속되는 관계는 상대를 있는 그대로 보는 것에서 신뢰가 쌓인다.

또 하나의 조건은, 말하지 않아도 되는 여백에 있다. 모든 감정을 설명하지 않아도 괜찮고, 매번 입장을 정리하지 않아도 되는 사이 말이다. 오해가 생겨도 즉각 풀어야 한다는 부담 대신, 시간을 두고 지나가게 둘 수 있는 신뢰가 있어야 한다. 그런 마음의 여백이 있을 때 관계는 존중받게 된다.

나이가 들면 관계를 대하는 태도 또한 달라지게 되어 있다. 더 많은 사람을 얻기보다, 이미 있는 관계를 어떻게 잘 지켜 나갈지를 고민하게 된다. 모든 관계를 깊게 만들 필요는 없다. 모든 다툼을 해결해야 할 이유 또한 없다. 오래 지속되는 관계는 항상 중심을 지키기 위해 노력한다. 무리하지 않고, 과도하게 애쓰지 않는 쪽으로 말이다.

오래 지속되는 관계에는 각자의 삶이 존중받는 적당한 거리 또한 필요하다. 항상 함께하지 않아도 괜찮고, 잠시 멀어져도 다시 돌아올 수 있다는 믿음이 서로의 관계를 단단하게 만들어준다. 붙잡지 않아도 이어지는 관계는, 서로를 신뢰하고 있다는 증거이기도 하니까.

관계를 오래 지속한다는 것은 늘 편안하다는 뜻만은 아니다. 때로는 서운함이 생기고, 마음이 엇갈리는 날도 당연히 있다. 하지만 그때마다 관계를 의심하기보다 다시 조율할 수 있다는 생각이 남아 있다면 크게 걱정할 일은 아니다. 오래 지속되는 관계는 완벽해서가 아니라, 서로 조정할 줄 알기 때문에 지속 가능하다.

하루의 끝에서 오늘의 관계를 되짚어 보자. 애쓰지 않아도 괜찮았던 순간, 말하지 않아도 통했던 장면이 있었던가? 그런 기억이 있다면, 그 관계는 이미 오래 지속될 조건을 갖추고 있는 것이다. 오래 지속되는 관계는 애써 붙잡지 않아도 서로를 지킬 수 있을 때 가능하다.

존중은
편안한 말에서부터

'존중'이라는 말은 크고 단단해 보이지만, 실제로는 아주 사소하고 평범한 말들에서 드러난다. 상대를 높이는 표현보다 불필요하게 낮추지 않는 말투가 더 중요하게 다가올 때가 있다. 무심코 던진 한마디, 습관처럼 붙인 말끝이 관계의 온도를 바꿔 놓는 경우도 있다. 존중은 그렇게 크지 않은 언어에서 시작된다.

우리는 무언가 큰일을 해내거나 남다른 행동으로 자신을 증명하려 한다. 배려 있는 결정을 내리고 중요한 순간에 도움을 주는 행동들도 필요하지만, 일상의 대부분은 그런 장면들로 채워지지 않는다. 대신 매일 오가는 짧은 말들, 질문의 방식, 대답의 톤이 사람들과의 관계를 만들어 나간다. 존중은 특별한 날보다 평범한 날에 더 많이, 그것도 부지불식간에 사람들의 시험대에 오른다.

편안한 말 속에는 말하는 사람의 태도가 담겨 있다. 같은 내용이라도 어떻게 말하느냐에 따라 전해지는 감정은 전혀 다르다. 빠르지 않는 말, 단정한 표현, 상대의 말문을 미리 막지 않는 질문들은 존중의 결과로 이어진다. 반대로 가볍게 던진 말 한마디는 의도와 다르게 사람의 마음을 다치게 한다.

나이가 들면 이 사실을 더 분명히 느끼게 된다. 유려하고 요란한 말보다 작지만 편안한 말이 오래 남고, 날카로운 한마디가 관계를 흔들 수 있다는 걸 경험으로 깨닫게 되기 때문이다. 그래서 말수가 줄어들기도 하고, 말하기 전에 한 번 더 생각을 가다듬는다. 존중의 뜻은 침묵하는 것에서도, 조용하지만 편안한 말에서도 조금씩 쌓여 간다.

존중은 상대를 완전히 이해했을 때 생기는 것이 아니다. 이해하지 못했다 하더라도 함부로 말하지 않겠다는 태도에서 나온다. 존중은 큰 결심이 아니라, 사소한 말 하나를 고르는 태도에서 묻어난다.

너무 애쓰지 않는
배려

배려는 늘 좋은 마음과 공명심公明心에서 나타난다. 상대가 불편하지 않게 마음 쓰고, 상처 주지 않으려 애쓰며, 조금이라도 더 이해하려 노력한다. 그래서 우리는 배려할수록 더 애써야 한다고 생각한다. 더 참고, 더 맞추려고 노력하고, 더 먼저 움직여야 진짜 배려처럼 느껴진다. 배려가 곧 나의 성실함을 증명하는 일처럼 여겨지기도 한다.

하지만 배려가 지나치면 마음은 쉽게 지치기 마련이다. 괜찮지 않은데 괜찮다고 말하고, 여유가 없는데도 시간을 내며, 마음의 선을 넘어서까지 상대를 생각하게 된다. 그렇게 애쓰는 배려는 어느 순간 부담이 되고, 결국은 관계를 무겁게 만들기도 한다. 배려를 했는데도 마음에 오래 남는 날이 있다면, 그 배려는 이미 조금 과했을지 모른다.

너무 애쓰지 않는 배려는 상대를 위해 자신을 희생시키지 않아야 한다. 할 수 있는 만큼만 하고, 감당할 수 있는 선에서 마음을 쓰면 되는 것이다. 무리해서 웃지 않고, 억지로 이해하려 들지 않으며, 필요할 때는 거절할 수 있는 여지를 남겨 두어야 한다. 이런 배려는 눈에 띄지 않지만, 오히려 오래 지속할 수 있다. 편안한 배려는 설명이 필요하지 않는 법이다.

나이가 들면 배려의 방향도 달라지게 마련이다. 예전처럼 모든 관계에서 좋은 사람이 되려 하기보다, 서로에게 부담을 주지 않는 쪽으로 마음이 기울게 된다. 너무 애쓰지 않는 배려는 무심함이 아니다. 관계에 있어서 지속 가능한 최소한의 선택이라 할 수 있다. 관계를 지키기 위해 자신을 소모하지 않겠다는 결정이기도 하다. 그 결정 덕분에 서로는 조금 더 편안해질 수 있을 것이다.

배려는 상대만을 향한 것이 아니라, 나 자신까지도 포함해야 한다. 나를 지나치게 밀어내며 하는 배려는 결국 균형을 잃게 되어 있다. 반대로 나를 지키면서 하는 배려는 상대에게도 부담을 주지 않는다. 편안한 배려는 서로를 존중하게 하고, 관계를 오래도록 이어지게 한다.

하루의 끝에서 나 자신을 한 번 더 짚어 보자. 애쓰지 않아도 되었던 순간에 애를 쓴 일은 없었던가? 그 질문을 할 수 있다면, 오래 이어지는 관계를 선택한 하루가 되었다는 뜻이다. 너무 애쓰지 않는 배려는 삶을 부드럽게 만드는 역할도 하고, 나와 상대를 함께 지키는 방식이기도 하다.

관계가 삶을
대신하지 않게

우리는 관계 속에서 삶의 의미를 찾으려고 한다. 누군가에게 필요한 사람이 되는 일, 관계를 잘 지켜내는 일에 많은 힘을 쏟는다. 관계가 잘 풀리면 하루가 괜찮아 보이고, 관계가 흔들리면 삶 전체에 불안함을 느낀다. 그렇게 관계는 자기도 모르게 삶의 중심에 자리를 잡는다. 나도 모르게 삶의 기준이 관계의 상태에 맞춰 끌려다닌다.

하지만 관계가 삶을 대신하기 시작하면 마음은 쉽게 지치는 법이다. 관계의 기분에 따라 하루의 가치가 달라지고, 상대의 반응에 따라 나의 상태가 결정되는 경우도 있다. 관계가 깨질까 봐 결정을 미루게 되고, 관계를 지키기 위해 스스로를 뒤로 밀어 놓는다. 그렇게 되면 삶은 점점 좁아지고, 나의 자리 또한 희미해지기 마련이다. 관계를 붙잡으려 하면 할수록 정작 더 외로움을 느끼기도 한다.

관계는 삶의 일부이지 전부는 될 수 없다. 관계가 잘 유지될 때도 삶은 이어지고, 관계가 흔들릴 때도 나는 여전히 생활하고 살아야 한다. 이 단순한 사실을 잊지 않을 때, 관계는 제자리를 찾을 수 있다. 관계가 삶을 대신하지 않게 하는 건, 관계를 가볍게 여기는 일이 아니라 삶을 더 넓게 바라보는 일이다. 나의 하루가 관계 하나로만 설명되지 않도록 하는 게 중요하다.

나이가 들면 이 경계가 더욱 중요하고 명확해진다. 관계에 쏟을 수 있는 에너지는 한정되어 있고, 삶의 다른 영역들도 함께 돌봐야 하기 때문이다. 일, 몸, 혼자 있는 시간, 스스로를 돌보는 마음이 관계 뒤로 밀려나지 않도록 균형을 맞춰야 한다. 관계가 나의 전부가 되지 않을 때, 오히려 관계는 더 안정되고 오래 지속될 수 있다.

관계가 삶을 대신하지 않게 하려면, 나의 하루가 관계 밖에서도 성립해야 된다. 누구의 연락이 없어도 괜찮은 시간, 관계의 기복과 무관하게 유지되는 나만의 리듬이 필요하다. 그 리듬이 있을 때 관계는 의존이 아니라 선택이 된다. 선택으로 남은 관계는 부담보다 신뢰가 더 쌓이게 된다.

하루의 끝에서 오늘의 관계를 되짚어 보자. 관계 때문에 나의 삶이 작아지지는 않았는지, 혹은 삶을 지키면서 관계를 이어 갔는지…. 그 균형을 한 번이라도 의식했다면, 이미 관계에 삶을 내주지 않은 하루가 되었다는 얘기다. 관계는 삶을 대신할 필요가 없을 때, 비로소 오래 지속된다.

곁에 남는
사람의 기준

사람은 한평생 살면서 얼마나 많은 사람들과 인연을 맺는 걸까? 함께 웃고, 힘을 나누고, 한때는 서로의 하루를 잘 알고 있다고 믿었던 사람들도 시간이 지나면 자연스럽게 멀어진다. 그런 생각이 들면 품게 되는 의문이 있다. 왜 어떤 사람은 곁에 남고, 어떤 사람은 떠나는 걸까?

곁에 남는 사람의 기준은 분명하지 않을 때가 많다. 오래 알고 지냈다고 해서, 많은 시간을 함께 보냈다고 해서 반드시 남는 것은 아니다. 오히려 힘들 때마다 꼭 곁에 있었던 사람이 어느 순간 사라지기도 하고, 자주 만나지 않았어도 마음이 이어지는 사람은 끝까지 남아 있기도 한다. 기준은 관계의 양보다 의식이 더 중요하다.

곁에 남는 사람은 함부로 나를 바꾸려 들지 않는다. 조언을 하더라도 내 자리를 존중한다. 말이 많지 않아도 괜찮고, 침묵이 어색하지 않은 사이는 더할 나위 없이 좋다. 무엇을 증명하지 않아도 되고, 애써 설명하지 않아도 되는 관계는 자연스럽게 오래 지속될 수 있다.

나이가 들면 이 기준은 더 또렷해진다. 더 이상 모든 관계를 붙잡고 갈 에너지도 없고, 굳이 그럴 필요도 느끼지 못한다. 대신 나를 소모시키지 않는 사람, 함께 있어도 나 자신을 잃지 않게 해주는 사람을 알아보게 된다. 곁에 남는 사람은, 나를 특별하게 만들기보다 '나'로 남게 하는 사람이다.

곁에 남는다는 것은 늘 가까이 있다는 뜻만은 아니다. 자주 연락하지 않아도, 한동안 소식이 없어도 마음이 불안해지지 않는 관계가 있다. 다시 만났을 때 어색함보다 편안함이 먼저 다가오는 사람, 시간이 흘러도 말의 온도가 크게 달라지지 않는 사람이 곁에 남는 것이다.

곁에 남는 사람의 기준은 결국 나를 대하는 태도에서 드러난다. 나를 함부로 대하지 않고, 관계를 이유로 나를 절대 흔들지 않는 사람이다. 그 기준을 알게 되면, 관계는 복잡하지 않고 훨씬 단순해진다. 붙잡아야 할 사람보다, 이미 남아 있는 사람을 더 소중하게 대하게 된다.

하루의 끝에서 곁에 남아 있는 얼굴을 한 번 떠올려 보자. 그 사람들과의 관계가 나를 조금이라도 편안하게 만들었다면, 그것으로 충분하다. 곁에 남는 사람은 많을 필요가 없다. 삶을 함께 버텨줄 수 있는 한두 사람이면 충분하다.

함께 있으면서도
나를 잃지 않는 법

함께 있을수록 나의 정체성을 찾기 어려워지는 경우가 있다. 상대에게 맞추느라 말의 온도를 조절하거나 분위기를 흐리지 않으려고 감정을 눌러 두어야 할 때도 있다. 관계가 소중할수록 그 조절은 더 잦아지고, 어느 순간부터는 내가 어떤 상태인지보다 상대가 편안한지를 먼저 떠올린다. 함께 있는 시간이 곧 나를 비우는 순간이 되는 것이다. 그렇게 쌓인 작은 양보들은 결국 내 마음의 피로로 쌓인다.

하지만 함께 있으면서도 나를 잃지 않는 관계는 분명 존재한다. 그런 관계에서는 굳이 나를 증명하지 않아도 되고, 늘 괜찮은 모습만 보여주지 않아도 된다. 말수가 줄어든다고 불안하지도 않고, 침묵이 흐른다고 관계가 흔들리지도 않는다. 나를 지키는 여백이 의식 속에 자연스럽게 자리 잡고 있기 때문이다. 그 공간 속 의식 덕분에 관계는 오히려 더 단단해진다.

나를 잃지 않겠다는 생각은 상대를 덜 생각하겠다는 뜻이 아니다. 그저 나 자신을 먼저 살피는 일이라 할 수 있다. 지금 이 자리가 편안한지, 감정이 무리하진 않는지, 내가 나로 남아 있는지를 스스로에게 묻는 일이다. 그 질문이 있어야 나를 소모시키지 않는 관계가 되는 법이다. 질문을 건네는 순간, 마음은 한 박자 편안함을 찾는다.

나이가 들면 이 생각은 더욱 중요해지게 된다. 관계를 유지하는 것만으로도 에너지가 필요해지기 때문이다. 함께 있음이 버거워질 때, 그 이유를 상대에게서만 찾기보다 나를 얼마나 밀어내고 있었는지 돌아보아야 한다. 나를 잃지 않는 선택은 관계를 멀어지게 하는 것이 아니다. 오히려 관계를 건강하게 만들어준다. 오래 지속되는 관계일수록 이 균형이 참으로 중요하다.

함께 있으면서도 나를 잃지 않는 법은 아주 사소한 선택에서 시작된다. 말하고 싶지 않을 때 말하지 않는 용기, 무리한 약속을 미루는 판단, 혼자만의 시간을 필요하다고 인정하는 태도가 그것이다. 이런 선택들이 관계의 균형을 오래도록 지켜준다. 나를 지키는 선택이 쌓일수록 관계는 큰 흔들림 없이 지속될 수 있다.

하루의 끝에서 오늘의 관계를 한 번 더 짚어 보자. 함께 있으면서도 나를 지킬 수 있었던 순간이 있었다면, 오늘은 이미 관계 속에서 나를 지켜낸 하루가 되었다고 할 수 있다. 함께 있음은 나를 없애는 일이 아니라, 나를 더 분명하게 만드는 자리가 될 수도 있어야 한다.

관계는
매일 배우는 일

관계는 한번 잘 맺었다고 해서 절대 그대로 유지되지 않는다. 처음에는 마음이 앞서고, 배려도 자연스럽게 한다. 하지만 시간이 지나면 상황이 바뀌고, 감정의 깊이도 달라져 간다. 어제는 괜찮았던 말이 오늘은 걸리기도 하고, 예전에는 이해되던 태도가 낯설게 느껴지기도 한다. 관계는 늘 같은 자리에 머물러 있지 않는다.

그래서 관계는 익숙해지지 않는다. 끝없이 공부하고 배워야 하는 일인 것이다. 상대가 변해서가 아니라 내가 변하기 때문이다. 삶의 무게가 달라지고, 하루를 감당하는 방식이 달라질수록 관계를 대하는 태도도 조정이 필요하다. 한때 통하던 방식이 더 이상 맞지 않을 때, 우리는 다시 배워야 하는 자리에 서야 한다.

관계에서 배우는 것은 대단한 기술이 아니다. 언제 한발 물러서야 하는지, 언제 말을 아껴야 하는지, 언제 굳이 이해하려 애쓰지 않아도 되는지를 스스로 알아가는 일이다. 매번 잘해내지는 못하지만, 돌아보고 고쳐 보려는 태도 자체가 관계를 지속시켜준다. 관계는 완벽함이 아니다. 서로 배려하고 조정하는 길 위에 서 있다고 보면 된다.

나이가 들면 이 배움은 더 현실적이 된다. 모든 관계를 다 잘 유지할 수 없다는 사실을 깨닫게 되니 더 신중해지는 셈이다. 말 한마디, 반응 하나가 관계에 남기는 여운을 눈치채고 느끼기 때문이다. 그만큼 관계는 더 조심스럽고, 더 진중해져야 한다.

관계는 늘 상대에게서만 배우는 것이 아니다. 관계 안에서 드러나는 나의 모습, 쉽게 상처받는 지점, 반복되는 갈등의 패턴을 통해 스스로도 깨닫게 된다. 그래서 어떤 관계는 끝나더라도 여운과 배움이 남는다. 그 배움은 다음 관계에서 나를 조금 더 신중하고 단단하게 만들어준다.

매일 관계를 배운다는 것이 매일 잘하겠다는 뜻은 아니다. 그저 오늘의 관계를 어제의 방식으로만 대하지 않겠다는 경험의 선택이다. 그 선택이 있을 때 관계는 멈추지 않고, 조금씩 좋은 쪽으로 방향을 이동한다.

하루의 끝에서 오늘의 관계를 짚어 보자. 새롭게 알게 된 마음 하나, 조금 다르게 선택한 태도 하나가 있었는지 떠올려 보자. 그 하나만 있어도 관계를 한 걸음 더 배운 것이다. 관계는 '끝내 완성'으로 이어지는 것이 아니라, 매일 조금씩 배워 나감으로써 유지된다는 사실을 잊지 말자.

6장

일과 나 사이의
균형

아렌트는

인간이 단순히 일하는 존재로만 살아갈 때

삶의 의미가 사라진다고 보았다.

생계를 위한 노동과 세상에 흔적을 남기는 일,

그리고 함께 사유하는 삶은 구분되어야 한다고 말한다.

그녀의 사상은

바쁨이 곧 충만함이 아니라는 사실을 일깨운다.

일 속에서도 생각할 수 있을 때,

삶은 비로소 인간의 것이 된다.

한나 아렌트(Johanna Arendt, 1906 ~ 1975)
독일 태생의 미국 작가, 정치 이론가.
대표작 『인간의 조건』에서 아렌트는 진정한 삶의 가치란 노동에 있는 것이 아니라, 정치
적 행위(또는 사회적 행위)에 있다고 주장했다. 여기서 정치란 정치 행위뿐만 아니라 '타
인과 관계 맺고 소통하는 일체의 활동'들을 말한다.

일은
삶의 일부일 뿐

우리는 오랫동안 일을 삶의 중심에 두고 살아왔다. 하루의 리듬도, 감정의 기복도, 스스로에 대한 평가도 일의 상태에 따라 달라졌다. 일이 잘 풀리면 하루가 괜찮아 보이고, 일이 막히면 삶 전체가 흔들리는 것처럼 느껴진다. 그렇게 일은 어느새 삶을 지배하는 가장 큰 기준이 되었다.

하지만 시간이 흐르면서 일이 삶의 전부가 될 수 없다는 사실을 깨닫게 된다. 아무리 중요한 일이라도, 그것이 나의 모든 감정과 시간을 대신할 수는 없다. 일이 끝나도 하루는 남고, 일이 잘 풀리지 않아도 삶은 이어지는 법이니까. 이 단순한 사실을 받아들이는 데 우리는 꽤 많은 시간을 필요로 한다.

일은 분명 삶의 중요한 부분이다. 책임과 보람을 느끼게 해주고, 나와 사회를 연결해 주는 역할도 한다. 그러나 일이 나를 규정하기 시작하면 삶은 점점 좁아진다. 성과로만 자신을 판단하게 되고, 쉬는 시간마저 일의 연장처럼 생각하게 된다. 그때 우리는 일하고 있는 것이 아니라, 일에 의해 살아가고 있는 상태에 놓이게 된다.

나이가 들면 이런 경계는 더 분명해져야 한다. 일에 쏟을 수 있는 에너지는 한정되어 있고, 삶에는 일 말고도 돌봐야 할 영역들이 점점 더 많아지기 때문이다. 몸의 신호, 관계의 무게, 혼자 있는 시간의 필요 같은 것들을 더 이상 뒤로 미룰 수 없게 되는 시점이 온다.

일을 삶의 일부로 여긴다는 게 일을 소홀히 하란 말은 아니다. 일로 인해 나의 삶이 평가되지 않도록 거리를 두어야 한다는 뜻이다. 일이 잘되지 않는 날이라고 함부로 대하지 않고, 일이 잘된 날이라고 과대평가하지 않아야 한다. 그런 생각과 태도가 있어야 삶은 크게 흔들리지 않는다. 일은 나를 이루는 한 조각일 뿐, 나의 삶 전체를 대신하는 것이 아니다.

바쁘다는 말로
가려진 것들

바쁘다는 말이 입에 붙어 있을 때가 있다. 인사처럼 자연스럽게 꺼내기도 하고, 설명이 필요할 때조차 그 한마디로 충분하다고 여긴다. 바쁘다는 말은 이해를 얻기 쉬운 이유이고, 더 묻지 않게 만드는 방패이기도 하다.

그런 바쁨 속에는 감정도 함께 가려진다. 사실은 지치고 마음 또한 무거운데, 말로 풀 여력이 없을 때 우리는 바쁘다는 말 한마디로 대신한다. 그러면 더 설명하지 않아도 되고, 스스로의 상태를 들여다보지 않아도 된다. 바쁨은 감정을 잠시 뒤로 미뤄 두기에 가장 손쉬운 표현임에는 틀림없다.

바쁘다는 말로 관계도 함께 가려진다. 연락을 미루고, 약속을 뒤로 하고, 마음이 멀어진 이유를 자세히 설명하지 않아도 된다. 정말 시간이 없어서일 수도 있지만, 때로는 마음을 쓸 여유가 없을 때도 있다. '바쁘다'란 말은 사람과의 경계를 희미하게 만드는 성격을 가지고 있다.

나이가 들면 '바쁘다'의 의미도 조금씩 달라진다. 할 일이 많아서라기보다, 감당해야 할 무게가 늘어나기 때문이다. 일과 책임, 관계와 몸의 신호까지 한꺼번에 안고 가다 보면, 바쁘다는 말 속에는 피곤함의 원인도 함께 분석할 필요가 있다. 그 말은 단순한 일정의 문제가 아니라, 삶의 균형에 대한 적절한 구조 신호일 수 있다.

바쁘다는 말 뒤에 무엇이 숨어 있는지를 살펴보는 일은 쉽지 않다. 괜히 더 무거워질 것 같고, 건드리면 정리해야 할 일들이 늘어날 것 같기 때문이다. 하지만 가려진 채로 오래 두면, 그 감정들은 다른 모습으로 나타난다. 이유 없는 짜증이나 갑작스러운 무기력이 좋은 예라 할 수 있다.

그래서 가끔은 바쁘다는 말 대신, 스스로에게 솔직해질 필요가 있다. 당장은 여유가 없단 건지, 마음이 닿지 않는 건지, 아니면 잠시 거리를 두고 싶은 건지 말이다. 그 질문 하나만으로 바쁨 뒤에 가려졌던 것들이 제 모습을 찾기도 한다.

하루의 끝에서 오늘의 바쁨은 어디서 왔는지 되짚어 보자. 정말 시간이 없었던 하루였는가? 혹시 마음을 들여다볼 틈이 없었던 건 아닌가? 그것을 되짚었다면, 오늘은 이미 바쁨 너머의 나를 한 번 바라본 하루를 보낸 셈이다. 바쁘다는 말 뒤에 가려진 마음을 알아차릴 때, 삶은 다시 말을 걸어온다.

쓸모로 나를
설명하지 않기

우리는 오랫동안 쓸모의 유무로 자신을 대변하며 살아왔다. 무엇을 잘하는지, 어떤 역할을 맡고 있는지, 얼마나 도움이 되는 사람인지를 먼저 어필한다. 그렇게 설명하면 이해받기 쉬웠고, 필요 없는 존재가 아니라는 사실을 증명할 수 있었다. 쓸모는 나를 세상과 연결해 주는 가장 빠른 수단이 되었다.

하지만 쓸모로만 나를 설명하다 보면, 나의 상태는 늘 조건부가 될 수밖에 없다. 잘 해낼 때는 괜찮고, 역할을 다할 때는 인정받지만, 그렇지 못한 날에는 스스로를 낮추게 된다. 쉬고 싶은 날에도 여타의 일을 만들어야 하고, 아무것도 하지 않고 보내는 시간은 괜히 불편해진다. 쓸모가 나의 값이 되는 순간,

삶은 점점 건조해진다.

쓸모가 중요한 것은 분명하다. 일에서도, 관계에서도, 사회 속에서도 우리는 서로의 쓸모로 신뢰를 쌓고 살아간다. 하지만 그 쓸모가 나의 전부가 될 필요는 없다. 무언가 역할을 하지 않는 순간에도 나는 여전히 존재하고, 무엇으로도 설명되지 않는 시간에도 삶 자체는 이어지고 있다. 쓸모는 곧 살아가는 나 자신이기 때문이다.

나이가 들면 이런 생각은 더 선명해진다. 예전만큼 많은 일을 해내지 못하는 날이 많아지고, 필요로 했던 사람들에게 충족감을 주지 못하는 순간도 늘어난다. 그때 지난 시간들을 붙잡고 있으면 마음이 불편해진다. 오히려 쓰임 외의 나를 발견할 수 있을 때, 삶은 조금씩 진화해 나간다.

쓸모로 나를 설명하지 않는다는 것은 무책임해지겠다는 말이 아니다. 다만 모든 시간을 생산성과 효율성으로 평가하지 않겠다는 뜻이다. 오늘 아무것도 이루지 못했어도, 그 하루가 무가치해지지 않도록 나를 지켜주는 게 중요하다.

하루의 끝에서 나 자신을 한 번 되짚어 보자. 무엇을 해냈는지가 아니라, 어떤 상태로 하루를 보냈는지를 떠올려 보자.

쓸모로 설명하지 않아도 괜찮았던 순간이 있었는가? 있었다면, 자신에게 조금 더 관대했던 하루가 되었다는 뜻이다. 나는 쓸모가 있어서 가치 있는 존재가 아니라, 살아 있다는 것만으로 가치 있는 존재여야 한다. 쓸모로 나를 설명하지 않을 때, 나는 비로소 나로 남는다.

성과 뒤에 남는 질문

성과를 내고 나면 안도와 포만감이 먼저 찾아온다. 애쓴 시간이 헛되지 않았다는 사실에, 쉬지 않고 달려왔던 목표에 합격점을 받았다는 사실에 비로소 안도의 탄성을 내지른다. 성과는 그렇게 한동안 자신을 인정하고 마음을 지탱해 주는 결과물이다.

하지만 시간이 조금 지나면 다른 질문들이 따라온다.

'이 성과가 나를 어디로 데려다 주었는가?'

'나는 예전보다 조금 더 나아졌는가?'

성과는 분명 나왔는데, 마음은 예상만큼 충만하지 않을 때도 허다하다. 얼마나 더 올라가야 하는지, 언제쯤 만족할 수 있는지 같은 질문은 쉽게 끝을 맺지 못한다. 다음 목표를 세워야 할 것 같은 압박과, 심적으로 지친 상태가 동시에 찾아오기도 한다. 그래서 다시 성과를 향해 움직일 수밖에 없지만, '과연 성과만으로 만족할 수 있을까'란 질문은 계속 따라붙는다.

나이가 들면 이 질문은 더욱 분명해진다. 성과를 몇 번 경험해 본 뒤에는, 무엇이 남는지가 중요해지기 때문이다. 성과가 사라진 자리에서도 나는 괜찮은지, 성과 없이도 하루를 견딜 수 있는지를 스스로에게 되묻게 된다. 이 질문은 불안이 아니라, 삶의 방향을 다시 생각해 보라는 마음의 경고다.

성과 뒤에 남는 질문은 나를 멈춰 세우는 게 아니라, 내 삶의 기준을 새롭게 한다. 무엇을 더 해낼 것인지보다, 어떤 상태로 살아갈 것인지를 생각하게 만든다. 성과의 결과만으로 내 삶을 대신할 수는 없다.

성과는 끝이 아니라, 내 삶을 다시 묻는 출발점이 되어야 한다. 성과가 이루어진 자리에서의 질문이, 내 삶의 방향을 다시 가리킨다.

멈출 수 있어야
다시 간다

우리는 멈춤을 실패처럼 받아들이는 경향이 있다. 더 이상 나아가지 못한다는 사실이 뒤처져 있다는 증표처럼 느껴지기 때문이다. 그래서 힘들어도 계속 앞으로 나아가려 하고, 속도가 줄어들면 스스로를 다그치기도 한다. 멈추지 않는 것이 곧 성실함이고, 성공으로 가는 길이라 믿는다.

하지만 계속 가기만 하는 삶은 오래 버티지 못하고 쉽게 지친다. 방향을 확인하지 않은 채 속도만 유지하면, 어디로 가고 있는지조차 잊게 된다. 몸은 앞을 향해 가고 있지만, 마음은 이미 지쳐 있을 때도 허다하다. 그럴 때 필요한 것은 더 큰 의지가 아니라, 잠시 멈출 수 있는 내 안의 용기이다.

멈춘다는 건 포기와 다르다. 그 자리에 주저앉는 것이 아니라, 숨을 고르고 다시 걸음을 떼기 위한 준비라 할 수 있다. 멈춰 있는 동안 우리는 현재의 상태를 살피고, 무리했던 것들을 돌아보며, 다음 방향을 생각하고 수정한다. 멈춤의 시간을 보낸 후 다시 가는 걸음은 이전과는 확연히 달라진다.

나이가 들면 멈춤의 의미는 더욱 명확하게 다가온다. 예전처럼 밀어붙일 수 없다는 사실을 몸과 마음이 먼저 알기 때문이다. 그때 멈추지 못하면 삶은 더 힘들어지고, 회복에는 더 많은 시간이 필요해진다. 멈출 수 있다는 것은 약해졌다는 신호가 아니다. 자신의 삶을 효과적으로 지속하겠다는 선택이라 할 수 있다.

멈출 줄 아는 사람은 다시 가는 법도 알게 된다. 무작정 속도를 내기보다 지금의 나에게 맞는 리듬을 찾자. 빠르지 않아도 괜찮고, 남들보다 늦어도 상관없다는 자기만의 생활 철학을 만들자. 그 생각이 있을 때, 다시 시작하는 걸음은 확실히 편안하고 오래 지속될 수 있다. 멈출 수 있어야 다시 자기 방향으로 걸어갈 수 있다. 멈출 수 있었던 하루는, 다시 가기 위한 힘을 이미 품고 있다.

직함보다
중요한 것

자신의 소속과 직함으로 자기 소개를 하는 사람이 많다. 무엇을 하는 사람인지, 어떤 자리에 있는지가 나를 가장 빠르게 설명해 준다고 생각하기 때문이다. 직함이 사회에서의 위치를 알려주고, 관계의 문을 여는 역할을 하는 것은 분명하다. 그래서일까, 어느 순간부터 직함이 나를 대신해 말하기 시작한다. 그 이름 하나로 나의 하루와 시간이 요약될 수 있다고 생각하기도 한다.

하지만 소속과 직함은 언제든 바뀔 수 있다. 자리의 이름이 달라지고, 역할이 조정되며, 때로는 사라지기도 한다. 그 변화 앞에서 마음은 크게 요동친다. 직함에 나를 너무 오래 맡겨 둔 탓에 직함이 흔들릴 때 나까지 함께 흔들린다. 직함이라는 이름에 나의 가치를 얹어 두었기 때문이다. 그래서 직함의 변화는 곧 나에 대한 평가처럼 여겨진다.

그러나 직함보다 중요한 것은, 그 자리에서 어떤 시간을 보냈는지이다. 성실했는지, 사람을 어찌 대했는지, 스스로를 함부로 쓰진 않았는지… 같은 것들 말이다. 직함은 사라져도 사람의 태도는 남고, 관계 속에서의 기억은 이어진다. 결국 사람들은 직함보다 그 사람의 됨됨이를 더 오래 기억하게 되어 있다. 그래서 어떤 직함이었는지보다, 함께 있었을 때 어떤 사람이었는지가 남게 마련이다.

나이가 들면 이 차이는 더 극명해진다. 더 높은 직함을 갖는 것보다, 주어진 시간을 어떤 사람으로 살아가는지가 중요해진다. 직함이 없어도 자기 중심이 분명하면 삶의 시간을 넉넉하게 쓸 수 있다. 직함은 삶의 일부일 뿐, 삶의 전부가 될 수 없다. 그 사실을 깨닫는 순간, 세상은 다르게 보인다.

직함에서 한발 떨어져 보면, 비로소 나에게 남아 있는 것들이 보인다. 일하지 않는 시간의 나, 관계 속의 나, 혼자 있을 때의 나 말이다. 그 '나'들이 편안하다면, 직함이 무엇이든 삶은 크게 외롭지 않을 것이다. 직함이 나를 설명하지 않아도, 나는 이미 충분히 '나'로 존재하기 때문이다.

　하루의 끝에서 한 번 체크해 보자. 직함 없이도 괜찮았고, 역할을 내려놓고도 편안한 시간이 되었다면, 직함보다 나 자신을 찾은 하루였다고 말할 수 있을 것이다. 그 하루가 쌓여, 진정한 나를 찾게 된다. 직함이 아니라 사람이 남을 때, 나는 어디에 있어도 '나'로 남는다.

삶을
대신하지 않는 노동

노동이 삶을 지탱하는 중요한 축임에는 틀림없다. 인간은 일을 통해 생계를 꾸리고, 하루의 리듬을 만들며, 사회와 소통한다. 그래서 어느 순간부터 노동은 단순한 활동을 넘어 삶을 대신하는 자리에 놓이기도 한다. 일이 곧 삶이 되고, 쉬는 시간마저 노동의 연장처럼 느껴지는 게 현실이다. 그렇게 노동은 삶의 중심으로 자리매김했다.

하지만 노동으로만 삶을 대신하기 시작하면 삶의 질은 형편없이 건조해진다. 일의 성과가 하루의 기분을 좌우하고, 노동의 강도가 나의 가치를 결정하는 것처럼 받아들인다. 쉬고 있어도 마음은 일에 묶여 있고, 멈추는 순간에는 불안이 엄습해 온다. 노동이 나를 살리는 것이 아니라, 나를 집어삼키고 있다는 표현이 맞을 것이다. 이럴수록 삶은 점점 여유를 잃고 더 건조해지기 마련이다.

노동이 삶을 대신하지 않게 적당한 내 안의 여유가 필요하다. 일에는 열과 성을 다하되, 그 일로 하여금 나를 전부 설명하지 않겠다는 의식 또한 중요하다. 노동은 삶의 한 부분일 뿐, 나의 모든 감정과 시간을 대체할 수 없다. 이런 의식이 있어야 노동은 지속 가능해지고, 삶은 한결 부드러워진다.

나이가 들면 이런 의식의 변화를 되짚어 봐야 한다. 몸의 회복 속도는 느려지고, 삶의 책임은 오히려 더 막중해지기 때문이다. 노동이 삶을 대신하면, 내 생활의 여유는 점점 더 줄어든다. 반대로 노동을 삶의 일부로 생각한다면, 일과 삶을 함께 즐기면서 지속할 수 있다.

삶을 대신하지 않는 노동이란, 일을 가볍게 여기라는 말이 아니다. 오히려 일을 지속 가능하게 하기 위한 내 의식의 변화를 의미한다. 자신을 소모하지 않도록 살피고, 일을 대하는 것과 같이 내 삶의 질 또한 체크하라는 뜻이다. 그런 과정이 있어야 노동도 다시 의미를 되찾게 된다. 나를 살피는 것은 노동을 부정하는 시간이 아니라, 노동을 이어주는 시간이다.

노동은 삶을 대신할 필요가 없다. 노동이 삶을 지켜주는 자리에 있을 때, 비로소 제 역할을 하는 것이다. 노동이 삶을 대신하지 않을 때, 일도 삶도 오래 지속된다.

일과 함께
늙어 가는 법

'일과 함께 늙어 간다'는 말에는 묘한 울림이 들어 있다. 일을 붙잡고 매달린다는 뜻도 아니고, 일을 내려놓겠다는 선언도 아니다. 다만 시간이 흐르는 동안 일이 내 삶과 어떻게 나란히 걸어왔는지를 돌아보는 말이라 할 수 있다. 어느 순간부터 일은 더 이상 나를 앞당기는 힘이 아니라, 함께 속도를 맞춰 가야 할 동반자가 되었다.

젊을 때의 일은 대개 자기 능력을 대신하는 정체성에 가까웠다. 얼마나 할 수 있는지, 어디까지 올라갈 수 있는지를 보여 주는 수단이었다. 그래서 무리도 감수했고, 일을 위한 희생을 당연하게 받아들였다. 하지만 시간이 지나면서 일은 끝이 없고 나의 에너지는 유한하다는 사실을 깨닫게 된다.

일과 함께 늙어 간다는 것은 일을 대하는 기준을 바꾸어 놓는다. 더 많이 해내는 것보다, 오래 할 수 있는 방식을 찾는 쪽으로 생각이 바뀌어 간다. 속도를 줄이고, 무리하지 않으며, 회복할 시간 또한 일정에 포함시킨다. 일에 맞춰 나를 혹사시키기보다, 나의 상태에 맞추어 일의 속도와 양을 조절한다. 당장의 성과보다 내일도 일할 수 있는 유연한 컨디션을 유지하겠다는 것이다.

이 과정에서 일은 경쟁의 대상이 아니라, 나의 리듬을 확인하는 반사경이 된다. 예전처럼 몰아붙이지 않고, 쌓아 온 경험과 연륜으로 사회와 소통하게 된다. 빠르지는 않지만, 흔들리지 않는 방식으로 일을 이어 갈 수 있게 된다. 일과 함께 늙어 간다는 것은, 일과 함께 내 삶도 즐긴다는 의미이다.

7장

후회가
문득 찾아올 때

세네카는

후회와 불안을 인간의 자연스러운 감정으로 받아들이되,

그 감정에 삶을 내주지 말라고 조언한다.

이미 지나간 시간에 매여

현재를 소모하는 것이야말로 가장 큰 낭비라고 보았다.

그는 삶이 짧아서가 아니라,

우리가 시간을 허비하기 때문에

부족하게 느껴진다고 말한다.

현재를 사는 태도가 곧 인생의 깊이를 결정한다.

루키우스 안나이우스 세네카(Lucius Annaeus Seneca, B.C. 4 ~ A.D. 65)
고대 로마의 철학자, 연설가, 정치인, 희곡 작가.
대표적인 후기 스토아학파 철학자로서, 로마 제국의 폭군 네로의 스승으로도 유명하다.

이미 지나간 선택을
떠올리며

문득 지나간 일들이 생각날 때가 있다. 그때 다른 선택을 했더라면 지금의 사정이 어땠을지, 한 번 더 생각했더라면 결과가 달라지지 않았을까 하는 후회 섞인 질문들이 떠오른다. 특별히 힘든 경우가 아니어도, 혼자만의 시간적 여유가 있을 때면 자연스럽게 그런 생각들이 고개를 든다. 지나간 일들의 선택은 늘 현재의 마음을 비추는 거울처럼 찾아오곤 한다.

우리는 지금의 기준으로 지난 선택을 떠올리며 재단한다. 더 현명했어야 했고, 좀 더 용기 내야 했고, 조금만 더 과감했더라면 좋았을 텐데… 자책 아닌 자책이 이어지곤 한다. 하지만 그때의 선택이 이루어졌던 순간의 나는 지금의 내가 아니었다. 그때의 조건과 마음, 감당할 수 있는 범위 안에서 최선을 다해 고른 결과였을 뿐이다.

　나이가 들면 이런 사실들을 조금 더 차분히 받아들여야 한다. 모든 선택이 완벽할 수 없었고, 돌아보니 아쉬운 것도 있었지만, 그 선택들이 모여 지금의 내가 되었다는 사실을 깨달아야 한다. 잘한 선택과 그렇지 못한 선택을 나누기보다, 그 선택들이 나를 어디까지 데려왔는지를 되짚어 보아야 한다.

　이미 지나가버린 것들을 계속 붙잡고 있으면 현재의 발걸음 또한 무거워질 수밖에 없다. 바꿀 수 없는 것을 바꾸려 애쓰느라 지금 할 수 있는 선택을 놓치게 되는 경우도 발생한다. 반대로 지나간 선택을 하나의 과정으로 받아들인다면, 마음은 조금 가벼워지고 시선은 앞을 향하게 된다. 그런 선택은 결과로만 끝나는 것이 아니라, 삶의 방향을 결정하는 훌륭한 재료가 된다.

　내가 결정한 과거의 선택을 돌아보는 가장 좋은 방식은 자책이 아니라 이해다. 그때의 내가 그럴 수밖에 없었던 이유를 인정하는 것이다. 그 이해가 쌓일수록 우리는 현재의 선택 앞에서도 흔들림 없이 갈 수 있다. 후회로 남은 지나간 선택이 나를 가르쳐주는, 다음 선택을 더 신중히 하라는 반면교사反面教師가 될 수 있다.

하루의 끝에서 지난 선택들을 하나하나 되짚어 보자. 후회로만 남겨 두지 말고, 그 선택 덕분에 배운 것이 무엇인지 살펴보자. 그렇게 볼 수 있다면, 그때의 선택은 이미 충분히 제 역할을 한 것이다. 지나간 선택을 바꿀 수는 없지만, 그 의미는 오늘의 밑거름으로 다시 재정리할 수 있다. 이미 지나간 선택도, 지금의 나를 만드는 훌륭한 밑거름이다.

그때는 그럴 수밖에
없었다는 말

변명처럼 들릴까 봐 쉽게 꺼내지 못하지만, 우리 마음속에 늘 머물러 있는 문장이 있다.

'그때는 그럴 수밖에 없었다.'

그 말에는 미처 다 설명하지 못한 상황과 감정, 당시의 한계가 함께 담겨 있다. 단순히 책임을 피하려는 말이라기보다, 지나온 시간을 이해하려는 항변에 가까운 말이다.

지나간 일을 돌아보면, 간혹 지금의 기준으로는 납득하기 어려운 선택들이 있다. '왜 그렇게 말했을까', '왜 그 길을 선택했을까' 하는 질문들이 따라오기 마련이다. 하지만 그때의 나는 지금처럼 알지 못했고, 지금처럼 버틸 힘도 갖고 있지 않았다. 그때 그 순간의 조건과 마음으로는, 다른 선택의 여지가 달리 없었다는 사실을 뒤늦게야 인정하게 된다.

나이가 들면 이 문장은 조금 다른 의미로 다가오기도 한다. 책임을 회피하기 위한 말이 아니라, 스스로를 과하게 몰아세우지 않아야겠다는 의미로…. 모든 선택이 최선일 수는 없었고, 모든 상황이 다 현명할 수도 없었다는 사실을 받아들이는 것이다. 지난 선택을 인정할 수 있어야 과거는 더 이상 현재를 붙잡지 않게 된다.

'그때는 그럴 수밖에 없었다'는 말은, 지금의 후회를 희석시켜주지는 않지만, 후회가 나를 잠식하지 않게 경계가 되어준다. 그 말을 통해 우리는 과거의 나를 한 걸음 떨어져 바라볼 수 있다. 지금의 나에게 같은 잣대를 들이대지 않을 여지를 만들어준다. 이해는 용서보다 먼저 필요한 과정이다.

우리가 이 문장을 스스로 인정하고 받아들일 때, 현재의 선택 앞에서 좀 더 집중할 수 있게 될 것이다. 완벽하지 않아도 괜찮고, 당장의 선택이 최선이 아닐 수도 있다는 사실을 받아들일 수 있는 여유가 생기기 때문이다. 그 관대함은 삶을 느슨하게 만드는 것이 아니라, 오히려 오래 지속시키는 힘이 되어준다.

하루의 끝에서 자신을 한 번 짚어 보자. 아직도 마음에 남아 있는 장면 하나를, 이 문장으로 다시 불러내 보자. 그때는 정말 그럴 수밖에 없었다고, 그렇게 말할 수 있다면 이미 과거의 경험이 오늘에 반영된 것이다. '그때는 그럴 수밖에 없었다'는 인정이 지금의 나를 더 단단하게 만든다.

후회는
자원이 되기도 한다

후회는 언제나 뒤늦게 찾아오게 마련이다. 이미 지나간 말을 떠올리게 하고, 되돌릴 수 없는 선택 앞에 힘들어 한다. 그래서 우리는 후회를 아물지 않는 종기처럼 생각하기도 한다. '왜 그때 그렇게 했을까', '왜 조금 더 잘하지 못했을까'라며 스스로를 채근한다. 후회는 그렇게 마음속에서 스스로를 심문하는 취조처럼 들린다.

하지만 후회는 나를 괴롭히기 위해 오는 감정만은 아니다. 그보다는 지나온 시간을 다시 되짚어 보고 지금의 나를 다시 한 번 체크하고 다지는 계기를 만들기 위한 것이다. 그 선택이 나에게 어떤 의미였는지, 무엇이 중요했는지를 뒤늦게나마 깨달아야 한다. 후회가 없다면 같은 실수를 수없이 반복할지도 모른다. 후회는 아프지만, 방향을 바꾸게 하는 긍정의 의미도 함께 가지고 있다.

후회가 괴로움을 동반하는 이유는, 그 감정을 자기 비난으로만 사용하기 때문이다. 지금의 나를 남들과 비교하는 기준으로 삼고, 이미 결정된 결과를 지난 시절의 나에게 요구하기 때문이다. 하지만 그때의 나는 그만큼 알지도 못했고, 그만큼 버틸 수 있는 힘이 없었다는 사실은 생각지도 않고 말이다. 후회는 그 사실을 인정하고, 현재의 나를 체크하라는 요청과도 같다.

나이가 들면 후회를 대하는 태도도 달라져야 한다. 후회를 지워버리려 하기보다, 후회와 함께 살아가는 법을 배워야 한다. 후회의 감정이 올라올 때 나를 채근하기보다, 무엇을 지키고 싶었는지 살펴야 한다. 후회는 잘못의 증거가 아니라, 마음이 여전히 살아 있다는 내 안의 흔적이기도 하니까.

후회는 현실의 나에게 다음 선택 앞에서 조금 더 신중해지라고, 같은 방식으로 자신을 다루지 말라고 조언한다. 그래서 후회는 과거에만 머물러 있지 않고, 현재의 태도를 바꾸는 데

용의하게 쓰일 수 있다. 그럴 때 후회는 상처가 아니라 자원이 되기도 한다.

하루의 끝에서 지난 시간을 한 번 더 되짚어 보자. 후회가 멈춤이 아니라 움직이는 동력이 되었다면, 오늘의 시간은 내 것이 된 것이다. 후회가 나를 가두어서는 안 된다. 후회는 나를 멈춰 세우거나 괴롭히고자 찾아오는 게 아니라, 세상을 보는 데 깊이를 더하라는 지난날의 흔적이다.

시간을 다시
되돌릴 수는 없지만

시간을 다시 되돌릴 수 있다면, 하고 싶은 말과 일들이 많을 것이다. 지난 일들을 뒤돌아볼 때면 '그때 조금만 더 신중할걸', '한 번 더 마음을 살필 걸', '굳이 그렇게까지 애쓰지 않아도 되었을 텐데' 하는 생각들이 마음을 어지럽힌다. 시간을 되돌릴 수 없다는 사실을 알기에, 그 생각들은 더 오래 마음에 남아 되새김질을 한다.

횅하니 지나가 버린 시간은 어쩔 수 없지만, 그 시간을 바라보는 방식은 바꿀 수 있다. 이미 시나간 시간은 비꿀 수는 없지만, 그 안에 담긴 의미는 지금의 마음으로 다시 정리할 수 있다. 그때의 선택이 틀렸다고 단정하기보다, 그 선택이 나를 어디까지 데려왔는지를 돌아보는 것이다. 그렇게 생각하면, 시간은 지난날의 기록에서 지금의 나를 만드는 재료가 된다.

나이가 들면 이 생각은 조금 더 현실적으로 변하게 된다. 남은 시간을 계산하기보다, 지나온 시간을 어떻게 품을지가 더 중요해지는 시점이기 때문이다. 다시 돌릴 수 없는 시간에 매달리기보다, 그 시간이 나에게 무엇을 남겼는지를 살펴보게 된다. 그 과정에서 아쉬움이 완전히 사라지지는 않지만, 더 이상 나를 아쉬움의 늪에서 허우적대는 꼴은 막아준다.

시간을 다시 되돌릴 수 없다는 사실은, 어찌 보면 삶의 안전장치와도 같다. 앞서 한 실수를 다시 겪지 않아도 되고, 이미 배운 것들을 또 배울 필요는 없으니까 말이다. 지나온 시간은 나를 소모시키기도 하지만, 지금의 나를 만들어준 바탕이기도 하다. 그 기반 위에서 우리는 이전보다 더 단단한 자기의 삶을 살아간다.

과거를 바꿀 수 없다는 것은 현재를 명확하게 보라는 뜻이다. 지금의 선택이 완벽하지 않아도 괜찮고, 모든 판단이 정답일 필요는 없다. 어차피 지금의 시간도 언젠가는 다시 되돌릴 수 없는 시간이 되기 때문이다. 그 사실을 깨닫고 현재의 모습에 좀 더 집중하고 자기 자신을 깊이 있게 살펴야 한다.

하루의 끝에서 지난 시간을 찬찬히 한 번 살펴보자. 되돌릴 수는 없지만, 충분히 내 것이 되었던 시간이 있지 않았는가? 그런 시간 덕에 지금의 내가 여기에 서 있다면, 그 시간은 제 몫을 다한 것이다. 시간을 다시 되돌릴 수는 없지만, 오늘의 시간을 어떻게 쓸지는 여전히 나의 몫으로 남아 있다.

지난 시간의 나를
미워하지 않기

지난 시간의 나를 돌아보면 마음이 먼저 불편해진다. 왜 그렇게 말했을까, 왜 그 선택을 했을까, 왜 조금 더 잘하지 못했을까… 그런 생각들이 꼬리를 문다. 그때의 나는 지금의 기준으로 보면 어딘가 부족하고 서툴렀다. 그래서 우리는 과거의 나를 달가워하지 않는 경향이 있다.

하지만 지난 시간의 나는 지금의 내가 아닐 수 있다. 그때의 나는 그때의 기준으로 판단하고 선택할 수밖에 없었다. 지금이라면 하지 않았을 선택도, 그때는 최선이거나 유일한 길이었을 것이다. 그런 차이를 인정하지 않으면, 과거의 나를 미워할 수밖에 없다.

지난 시간의 나를 미워하는 것은 지금의 나에게도 불편한 영향을 끼친다. 과거를 탓하는 말이 지금의 나에게 그대로 이어지기 때문이다. 예전의 실수를 붙잡고 자신을 평가하다 보면, 지금의 선택 앞에서도 위축될 수밖에 없다. 과거의 일을 털어버리지 못하면, 그 마음은 결국 현재를 위축시키고 만다.

나이가 들면 이 사실은 더 분명해진다. 지나온 시간이 쌓일수록 모든 순간을 자랑스럽게 기억할 수 없다는 사실을 깨닫게 되기 때문이다. 그럼에도 불구하고 여기까지 살아왔다는 사실 자체만으로도 대견하지 않은가. 지난 시간 전부를 부정할 수 없다. 좋았던 것만이 아니라, 불편하고 얼굴 찡그렸던 순간들도 지금의 나를 대변하고 있으니까.

지난 시간의 나를 미워하지 않는다는 건, 그때의 선택을 미화하겠다는 뜻이 아니다. 그저 그 선택을 한 번 되짚어 보겠다는 의미이다. 우리는 과거를 교훈으로 삼아 앞으로 나아가야 하기 때문이다. 미워하는 마음 대신 이해하는 여유를 갖는 순간, 지난 시간은 더 이상 상처가 되지 않는다. 지나간 시간의 나를 미워하지 않을 때, 지금의 나에게 더 집중할 수 있다.

8장

고독이
익숙해질 무렵

몽테뉴는

자신을 관찰하는 일에서 철학을 시작했다.

그는 인간이 완벽할 수 없음을 솔직하게 인정했고,

그 불완전함을 숨기지 않았다.

혼자 있는 시간을 두려워하지 않고,

자신의 생각과 감정을 그대로 마주하는 태도.

그의 철학은 위대해지려는 삶이 아니라,

자기 자신과 화해하는 삶에 가깝다.

미셸 에켐 드 몽테뉴(Michel Eyquem de Montaigne, 1533 ~ 1592)
프랑스 철학자, 사상가, 수필가.

혼자인 시간이
늘어날 때

어느 순간부터 혼자인 시간이 눈에 띄게 늘어난다. 약속이 줄어서가 아니라, 굳이 만남으로 채우지 않아도 괜찮아졌기 때문이다. 예전에는 혼자 있는 시간이 막연한 공백처럼 느껴졌다면, 이제는 하루의 일부로 자연스럽게 자리를 잡았다. 혼자 있다는 사실이 더 이상 설명이 필요 없는 상태가 된 것이다. 그 변화는 조용했지만 분명하게 찾아온다.

혼자인 시간이 늘어나면 처음에는 어색함을 먼저 느낀다. 누구에게 맞추지 않아도 되는 시간 앞에서 오히려 무엇을 해야 할지 몰라 잠시 서성일 때도 있다. 하지만 그 어색함을 지나면, 혼자는 비어 있는 시간이 아니라 오히려 나에게 돌아오는 시간이라는 생각이 든다. 말하지 않아도 되는 침묵, 정리하지 않아도 되는 생각들이 그 자리를 대신한다. 생각은 조금 느슨해지고, 마음은 한결 편하게 주어진 시간을 즐긴다.

나이가 들면 혼자인 시간의 의미도 확연히 달라진다. 사람이 싫은 게 아니라, 나를 소모하지 않기 위해 내 시간을 선택하는 것이다. 관계 속에서 쓰였던 에너지를 다시 회복하고, 그 동안 흩어졌던 마음을 제자리로 갖다 놓는다. 혼자라는 건 외로움의 다른 이름이 아니라, 흩어졌던 균형을 회복하는 방식인 것이다. 이런 시간은 삶에서 꼭 필요한 부분이다.

혼자인 시간이 늘어난다고 해서 사람이 필요 없다는 뜻은 아니다. 다만 모든 순간을 관계로 채우지 않아도 된다는 의미이다. 혼자 있는 시간 덕분에, 누군가와 함께 있을 때의 나보다 더 나를 선명하게 볼 수 있다. 관계는 혼자의 시간을 거쳐 다시 건강해진다. 그 시간 때문에 가까움도, 거리도 이전보다 더 분명해진다.

혼자만의 시간은 굳이 생산적일 필요도 없다. 무언기를 이루지 않아도 된다. 의미를 붙이지 않아도 괜찮다. 가만히 앉아 있거나, 같은 생각을 몇 번이고 되풀이해도 좋다. 혼자인 시간은 결과를 요구하지도 않는다. 그저 지금의 나를 그대로 두어도 되는 시간이고, 나만의 자리이다.

하루의 끝에서 혼자만의 시간을 한 번 되짚어 보자. 혼자만의 시간이 나의 시간이 되었다면, 그것으로 충분하다. 혼자인 시간이 늘어날 때, 우리는 '혼자'인 게 아니라 스스로와 조금 더 가까워지고 있는 것이다. 혼자인 시간이 늘어날수록 자신에게 조금 더 친절해져야 한다.

말하지 않아도
편안한 순간

　말이 필요 없는 순간이 있다. 무언가를 설명하지 않아도 되고, 분위기를 살피느라 애쓰지 않아도 되는 순간과 시간이 있다. 예전에는 그런 침묵이 어색하게 느껴져 말로 채우려 애썼지만, 어느 순간부터는 그런 조용함이 오히려 마음을 편하게한다. 말하지 않아도 괜찮다는 것은, 생각보다 더 깊은 안도감을 준다. 그 안도감은 말보다 먼저 마음이 안다.

　말이 없을 때 편안하다는 것은, 그 자리에 긴장이 없다는 뜻이기도 하다. 침묵이 불안으로 바뀌지 않고, 관계의 공백처럼 느껴지지 않는 상태를 말한다. 굳이 웃음을 만들어내지 않아도 되고, 감정을 설명하지 않아도 되는 순간, 우리는 비로소 마음의 여유를 찾는다. 말이 줄어든 자리에 마음의 여유가 남으면, 삶의 질 또한 자연스럽게 올라간다.

나이가 들면 이런 순간의 가치가 더욱 또렷해진다. 말로 증명해야 할 것이 줄어들고, 존재 자체로 충분하다는 의식이 생겨나기 때문이다. 이렇게 되면 함께 있어도 각자의 생각에 잠길 수 있다. 물론 이때의 침묵이 관계에 영향을 끼치지는 않는다. 말하지 않아도 편안한 순간은 신뢰가 쌓였다는 반증이기도 하니까. 오래 쌓인 신뢰일수록 이런 침묵은 더 이상 설명할 필요가 없다.

이런 편안함은 사람 사이에서만 생겨나는 것이 아니다. 혼자 있는 시간도 마찬가지다. 스스로에게 말을 걸지 않아도 괜찮고, 자신의 일 따위를 평가하지 않아도 되는 순간이 찾아온다. 그러면 생각이 흘러가도록 그냥 내버려두어도 좋다. 감정을 굳이 정리하지 않아도 된다. 시간 속에서 마음은 자연스럽게 자신의 생각을 정리해 준다. 그 고요함이 곧 나를 회복시키는 시간이 된다.

말하지 않아도 편안해질 수 있다는 것은, 나를 있는 그대로 놓아두는 시간이다. 설명하지 않아도 자신의 생각과 정체성이 그대로 존중받는다면, 혼자만의 시간도 유용해진다.

말하지 않았지만 편안했던 시간이 있었는지 한 번 되새겨 보자. 잠깐이라도 그런 순간이 있었다면, 내 삶이 리듬을 찾았다는 뜻이다. 말하지 않아도 편안한 순간은, 내가 '나'로 있어도 괜찮다는 가장 분명한 확인이다.

고독을
피하지 않는 연습

흔히 고독을 예술가나 작가 같은 특정인들의 전유물처럼 인식하는 경향이 있다. 하지만 고독은 모든 인간의 마음속에 내제되어 있다. 그래서 혼자 있다는 느낌이 들면 괜히 마음이 허전해지고, 뭔가 잘못 살고 있진 않은지 스스로를 의심하기도 한다. 하여 인간을 사회적 동물이라 부른다. 필요에 따라 약속을 정하고, 시끌벅적한 자리도 만든다. 고독은 견뎌내야 하는 것이 아니라 즐기는 것이다. 머물러 누적되어 쌓이면 그야말로 힘들고 괴로운 시간이 나도 모르게 연출된다.

그렇다고 고독이 늘 괴로운 인상으로만 찾아오진 않는다. 내가 어떻게 풀어내고 소화시키느냐의 따라 달라진다. 아무런 설명을 하지 않아도 되는 시간, 평가받지 않아도 되는 순간에 고독을 느낄 수도 있다. 그때의 고독은 외로움과는 성격이 다르다. 나를 부족하게 만드는 감정이 아니라, 나를 체크하는 시간에 더 가깝다고 보면 된다. 고독 속에서는 다른 사람의 시선보다, 나의 상태가 먼저 보이는 법이니까.

고독을 피하지 않고 즐기려면, 처음에는 괴롭고 불편한 마음이 들 수 있다. 혼자 있는 시간엔 자꾸 생각이 많아지고, 괜한 것에 마음이 흔들리고 복잡해진다. 하지만 그 불편함을 이겨내면, 고독의 감정은 성격을 달리 한다. 나를 긍정하게 되고, 정리해 주는 시간으로 변한다. 그런 과정에서 나는 내 자리를 찾는다.

나이가 들면 고독의 감정은 더 자주 찾아오게 마련이다. 관계의 밀도가 달라지고, 혼자 보내는 시간이 자연스럽게 늘어나기 때문이다. 이때 고독을 무조건 피하려 들면 삶은 더 분주해지고, 마음 또한 지치게 된다. 반대로 고독을 유연하게 받아들인다면, 삶은 한결 편안해질 수 있다. 다시 말해, 고독은 삶을 흔드는 감정이 아니라, 삶의 불필요한 요소를 정리하는 감정이다.

고독을 피하지 않는 것은 혼자가 되겠다는 선언이 아니다. 사람을 멀리하겠다는 뜻도 아니다. 그저 혼자 있는 순간을 헛되게 하지 않겠다는 의미이다. 그런 자신의 마음가짐이 있을 때, 관계 또한 더 건강해진다. 혼자의 시간을 견딜 수 있는 사람은, 함께하는 일에서도 자신을 잃어버리지 않는다.

하루의 끝에서 한 번 짚어 보자. 고독을 잠깐이라도 받아들일 수 있었다면, 자신의 생각을 정리하는 괜찮은 시간이 되었다는 뜻이다. 고독을 피하지 않는 연습은, 결국 나와 함께 있는 법을 배우는 일이다.

고독할 때 고독을 즐겨라. 그러면 함께 갈 수 있다.

나와
대화하는 시간

　말은 많아도 대화는 부족한 날이 있다. 역할에 맞는 대답을
하느라 정작 나에게는 말을 건네지 못한 채 하루가 지나간 날
말이다. 그렇게 일들이 쌓인 하루 끝에서야 비로소 나와 대화
할 시간을 갖게 된다. 그 시간은 늘 늦게 오지만, 그래서 더 챙
겨야 할 시간이기도 하다.

　나와 대화하는 시간은 특별한 형식이 필요하지 않다. 조용
히 앉아 오늘의 기분이 어떠했는지 챙겨 보는 것, 괜히 마음에
남았던 장면 하나를 다시 바라보는 것, 왜 그 말이 걸렸는지,
왜 그 순간에 피곤해졌는지를 묻는 일은 내가 나를 취재하기
위한 질문이 아니다. 나를 놓치지 않기 위한 확인이라 할 수 있

다. 이 질문들은 판단을 내리기에 앞서 자신을 챙기는 관심이라 할 수 있다.

처음에는 이 시간이 어색할 수 있다. 무엇을 물어야 할지도 모르겠고, 대답이 없을 때도 많기 때문이다. 하지만 나와의 대화는 늘 즉각적인 답을 주지 않는다. 대신 마음의 결을 조금씩 드러내고, 그동안 묻어두었던 감정을 조금씩 드러낸다. 그 느린 속도가 오히려 이 대화의 본질이다. 서두르지 않을수록, 마음은 더 솔직해지는 법이다.

나이가 들면 나 자신과 대화하는 시간이 더욱 중요해진다. 그동안 남의 기대와 역할에 익숙해진 만큼 내 목소리는 쉽게 작아지기 때문이다. 무엇이 힘든지, 어디까지가 괜찮은지, 지금 어떤 상태인지를 묻지 않으면, 삶은 자꾸만 내 생각과 상관없이 다른 기준으로 흘러간다. 나와 대화하는 시간은 그 흐름을 잠시 멈추게 하고, 방향을 재확인시킨다.

이 대화에는 정답이 필요하지 않다. 잘하고 있다는 확신이 없어도 된다. 뭔가를 당장 바꿀 사안이 없어도 괜찮다. '오늘 힘들었다'는 말 하나, '이 정도면 충분하다'는 인정 하나만 있어도 대화는 충분히 성립된다. 그 말들이 쌓이다 보면, 나는 스스로에게 조금 더 솔직해진다. 그리고 그런 솔직함은 가장 현실적인 위로가 된다.

하루의 끝에서 나와 대화할 수 있는 시간이 있었다면, 이미 의미를 다한 하루라고 할 수 있다. 그 대화가 길 필요는 없다. 나에게 말을 걸었다는 사실만으로도, 삶은 다시 나의 편으로 돌아온다. 나와 대화하는 시간은, 나를 다시 나에게 데려오는 가장 소중한 시간이다.

외로움과 고독의
차이

외로움과 고독은 언뜻 비슷해 보일 수 있지만 마음에 남기는 것은 다르다. 둘 다 혼자 있는 상태에서 찾아오는 것은 맞지만, 느껴지는 방향과 성격은 서로 다르다. 외로움은 누군가의 부재를 먼저 떠올리게 하고, 고독은 나 자신의 존재를 먼저 드러낸다. 그래서 마음의 표정만은 분명하게 다르다.

외로움은 관계를 향해 있다. 연락이 오지 않는 이유를 생각하게 되고, 함께하지 못한 장면들을 떠올리게 한다. 그래서 외로움은 비교적 마음이 시끄러운 편이다. 마음속에서 계속 말을 걸고, 무엇이 부족한지를 알려 달라고 보채기도 한다. 외로움의 시간이 길어지면 스스로를 작게 만들고, 공연히 자신을 탓하기도 한다.

반면 고독은 내 안쪽으로 향한다. 누군가가 없다는 사실보다, 내가 지금 어떤 상태인지가 더 중요하다. 고독을 굳이 설명하지 않아도 되는 감정들이 그 안에 있다. 그래서 판단보다 관찰이 먼저 필요하다. 해서 고독은 조용하지만 깊이를 더한다. 불편할 수는 있지만, 반드시 나쁘다고만 할 수는 없다.

나이가 들면 이 차이는 더 분명해진다. 삶에서 외로움의 감정은 없으면 없을수록 좋다. 하지만 관계 속에서 흩어진 마음을 다시 정리하고, 나의 기준을 점검하기 위해 고독은 중요한 시간이 되기도 한다. 고독을 지나야 외로움에 휘둘리지 않는 힘도 생겨난다. 혼자를 견디는 법이 아니라, 혼자를 활용하는 법을 배우게 된다.

외로움과 고독의 차이를 알게 되면, 혼자를 대하는 태도도 달라진다. 외로움이 찾아올 때는 관계를 떠올리고, 고독이 찾아올 때는 나를 살피면 된다. 둘을 같은 감정으로 취급하지 않을 때, 생각은 더 단단해진다. 외로움과 고독의 차이를 아는 것은, 혼자 있는 시간을 함부로 쓰지 않겠다는 자기만의 선택이고 결정이다.

혼자여도
충분한 하루

혼자 온전히 하루를 보낼 때가 있다. 그럴 때는 스스로를 돌아보고 생각에 잠기거나 자신을 평가하기도 한다. 그동안 누구를 만났는지, 무엇을 했는지, 얼마나 의미 있었는지를 따져 보게 된다. 그 가운데 사람과의 이슈가 없었다면, 그런 하루는 크게 의미를 두지 않는다. 혼자였다는 사실이 곧 부족함처럼 느껴지기 때문이다. 시스템에 익숙한 기준이 그대로 작동할수록, 혼자의 시간은 나도 모르게 과소평가된다.

하지만 혼자여도 충분한 하루는 분명히 존재한다. 특별한 일정이 없어도, 대단한 대화가 없어도, 하루는 제 몫을 다할 수 있다. 조용히 아침을 맞고, 해야 할 일을 마치고, 무사히 저녁을 맞는 것만으로도 하루는 충분하다. 혼자였다는 사실은 그 하루의 시간이 온전히 내 것이었음을 말한다. 불필요한 소음이 줄어든 자리에서 하루는 더 또렷이 내 것이 된다.

혼자 보낸 하루가 충분해지려면, 그 하루를 채우는 생각이 달라져야 한다. 누군가와의 만남이나 성취보다, 나 자신을 중심에 두는 것이다. 오늘의 내가 지나치게 무리하지는 않았는지, 스스로를 함부로 대하지는 않았는지를 돌아보는 것이 훨씬 중요하다. 그런 생각에서는 혼자였는지 아닌지가 크게 중요하지 않다. 하루를 대하는 나의 생각과 태도가 하루의 밀도를 결정한다.

나이가 들면 이런 하루의 가치를 더 또렷이 느끼게 된다. 관계와 일 사이에서 쏟아 온 에너지를 혼자 있는 시간에 회복할 수 있기 때문이다. 혼자여도 충분한 하루는 고립이 아니라 나와 나 자신의 균형을 잡아주는 날이다. 사람으로 가득 찬 하루만큼이나 비워 둔 하루도 우리의 삶을 지탱해 준다. 비어 있음은 결핍이 아니라 회복의 다른 이름이니까.

혼자 있는 하루는 감정의 쓰임이 줄어든다. 누구의 속도에 맞출 필요도 없고, 군이 설명해야 할 이유도 없어진다. 그 덕분에 하루는 조금 더디지만, 마음은 더 평화롭고 안정된다. 혼자여도 충분하다는 생각은 삶을 덜 조급하게 만들고, 조금 더 차분한 선택을 하게 만든다. 혼자의 리듬을 인정하는 순간, 그 하루는 온전히 내 것이 된다.

하루의 끝에서 오늘의 시간을 되짚어 보자. 혼자였지만 괜찮은 시간을 보냈는가? 오히려 혼자였던 시간이 더 편안하지는 않았는가? 그 질문에 고개가 끄덕여졌다면, 이미 충분한 하루가 되었다. 혼자여도 충분한 하루는, 내 삶을 연결하는 징검다리이다.

내 편이 되어주는
시간

　내 앞의 일을 처리하고 주어진 삶을 살다 보면, 나조차 내 편이 되지 못한 날이 있다. 잘 해보려고 애쓴 일은 결과가 시원치 않고, 힘들게 버틴 하루도 스스로에게는 미흡하게 느껴진다. 그렇게 하루 종일 현실의 기준에 맞추다 보면, 마음은 점점 설 자리를 잃어 가기 마련이다. 그럴 때 필요한 것은 누군가의 위로가 아니다. 나 스스로가 내 편이 되어주는 시간을 만들어야 한다.

　내 편이 되어주는 시간은 특별한 응원을 요구하지 않는다. 오늘을 잘 버텼다고, 이 정도면 괜찮다고 스스로를 위로하는 내면의 의식이면 충분하다. 남들 앞에서는 꺼내지 못했던 마음을 굳이 정리하지 않은 채 그대로 두는 시간이다. 그 시간에는 설명도, 비교도 필요 없다. 판단을 잠시 내려놓는 것만으로도 마음은 편안해진다.

나이가 들면 이런 시간은 더 중요해진다. 역할과 책임이 늘어날수록 나를 평가하는 목소리도 함께 커지기 때문이다. '잘해야 한다'는 말은 많아지지만, '괜찮다'는 말은 점점 줄어든다. 그래서 의도적으로라도 내 편이 되어주는 소통의 시간이 필요하다. 아무 조건 없이 나를 지지하는 내 의식의 자리 말이다. 그 자리는 누구에게도 내어줄 필요가 없다.

이 시간은 나를 합리화하기 위한 도피가 아니다. 오히려 현실을 있는 그대로 인정하는 태도에 가깝다. 잘한 일과 부족한 일을 나란히 두고, 어느 한쪽만으로 나를 판단하지 않는 연습이다. 그 연습이 쌓일수록 삶의 부침은 확연히 줄어든다. 따라서 균형 잡힌 시선 또한 생겨난다.

내 편이 되어주는 시간은 스스로 만들어야 한다. 그렇게 되면 다음날의 나도 달라진다. 실패 앞에서 좌절하지 않고, 실수 또한 덜하게 된다. 스스로의 시간을 잘 만든다는 것은, 생각보다 큰 힘을 발휘한다. 그 힘은 크게 눈에 띄지 않지만 오래 지속된다. 나를 다시 움직이게 만드는 힘 또한 마찬가지로 내가 만든 내 시간에서 나온다.

하루의 끝에서 나에게 물어보자. 오늘 나는 내 편이 되어주었는가? 그 질문에 잠시라도 고개를 끄덕일 수 있다면, 그것은 충분한 내 시간이었다는 뜻이다. 내 편이 되어주는 시간은, 세상이 등을 돌린 날에도 나를 다시 일으켜 세우는 가장 단단한 힘이다. 그것 또한 내가 만든 내 시간에서 나온다.

침묵이
말을 대신할 때

　말을 하지 않아도 충분한 순간들이 있다. 설명을 덧붙이지 않아도 오해가 생기지 않고, 감정을 정리하지 않아도 마음이 전해지는 시간 말이다. 예전에는 침묵이 불안해서 무언가를 채워 넣어야 할 것 같았지만, 어느 순간부터는 침묵이 말을 대신하는 장면들이 늘어난다. 그 침묵은 공백이 아니라, 이미 충분히 쌓인 이해와 신뢰의 결과이다.

　침묵이 말을 대신할 때에는 애씀도 줄어든다. 상대의 표정을 읽고 굳이 맞는 말을 찾지 않아도 되는 건, 서로의 상태를 알아차리는 신뢰가 작동하기 때문이다. 그 순간의 침묵은 무관심이 아니라 배려라 할 수 있다. 침묵이 더 다정할 때가 있다는 사실을 우리는 경험으로 알게 되기 때문이다.

나이가 들면 침묵의 의미는 더욱 깊어진다. 말을 많이 한다고 가까워지는 것도 아니고, 침묵했다고 멀어지는 것도 아니란 사실을 깨닫기 때문이다. 함께 있어도 각자의 생각을 존중할 수 있는 침묵, 설명하지 않아도 받아들여지는 고요함은 관계가 더 성숙해졌다는 뜻이다.

이 침묵은 사람과의 사이에서만 필요한 게 아니라 자신에게도 적용된다. 아무 말도 하지 않은 채 가만히 있는 동안, 마음은 오히려 더 정확한 말을 준비한다. 침묵은 마음이 스스로 균형을 찾는 방식이라 할 수 있다.

침묵이 말을 대신할 수 있으려면, 그 앞에 충분한 시간이 필요하다. 함께 쌓아 온 경험과 신뢰, 나 자신을 오래 들여다본 시간들이 침묵을 가능하게 만든다.

하루를 마치며, 말하지 않았지만 불편하지 않았던 순간이 있었는지 한 번 짚어 보자. 침묵이 말을 대신할 때, 우리는 더 많은 것을 전하고 있을지 모른다. 침묵이 편안해졌다는 것은, 말보다 깊은 이해가 쌓였다는 뜻이다.

9장

의미를
다시 묻는 나이에

니체는

삶을 견디는 것을 넘어,

긍정할 수 있는 힘을 말한 철학자다.

그는 타인의 기준에 따라 사는 삶을 경계했고,

스스로 선택한 삶에 책임질 수 있는 인간을 강조했다.

고통조차 삶의 일부로 받아들이고,

그럼에도 다시 자신을 선택하는 용기.

니체의 사상은 중년에 다시 찾아오는

'나답게 살기'의 질문과 깊이 닿아 있다.

프리드리히 빌헬름 니체(Friedrich Wilhelm Nietzsche, 1844 ~ 1900)
프로이센 왕국 출신의 독일 철학자이자 문헌학자, 시인, 작곡가.

무엇을 위해
살 것인가

"무엇을 위해 살 것인가?"

흔히 들을 수 있는 질문이지만, 쉽게 대답할 수 있는 문제는 아니다. 아무리 바쁘게 생활하더라도 잠깐의 시간적 여유는 있게 마련이다. 그때 뭘 위해서 살지 생각하게 되는 경우가 있다. 더 많이 가지는 것보다, 더 높이 올라가는 것보다, 무엇을 위해 살아가고 싶은지를 스스로에게 묻는 것이다. 이 질문에는 조급함보다 생각의 정리가 담겨 있고, 야심보다 삶의 방향이 들어 있다. 그래서 이 물음은 바쁘게 생활하는 가운데서도 순간순간 찾아온다.

젊을 때의 목적은 비교적 분명했다. 성취, 성장, 인정 같은 단어들이 앞에 놓이고, 그 목표를 향해 무한정 속도를 냈다. 하지만 시간이 지나면서 그 목적들이 삶 전체를 대신할 수 없다는 사실을 깨닫게 된다. 그래서 의식의 변화가 일어난다. 세상으로 향했던 대부분의 것들을 내 안쪽으로 이동시킨다. 성과보다 나를 돌아보게 되는 것이다.

이제 '무엇을 위해 살 것인가'라는 질문은, '무엇을 더 얻을 것인가'보다 '무엇을 지키고 싶은가'에 있다. 몸의 리듬, 마음의 평온, 관계의 지속성, 하루를 어떻게 내 시간으로 만들 것인가 등 이전에는 부차적인 것처럼 여겨졌던 요소들이 이제는 삶의 중심으로 들어온다. 그 변화는 하던 것을 버리거나 포기하라는 말이 아니다. 그저 '나'를 중심에 두는 방향 전환으로 삶의 기준이 달라졌을 뿐이다.

나이가 들면 삶은 더 내 중심으로 변한다. 남은 시간을 생각하고 따져 보면서 지금의 시간을 더 소중히 여긴다. 이때부터의 목적은 쉼 없이 앞만 보고 밀고 나가는 것이 아니다. 지킬 것은 지키고 버릴 것은 버리면서 오래 지속될 내 삶의 문화를 만드는 것이다.

무엇을 위해 살 것인지는 단순하게 한 번 정하고 끝나는 문제가 아니다. 삶의 상황이 달라질 때마다, 마음의 상태가 변할 때마다 조금씩 수정되고 바뀐다. 그 유연함이 있어야 삶의 불편함을 걷어낼 수 있다. 내 삶의 방향만 잃지 않는다면, 고정된 생각보다는 유연한 의식이 좋다.

하루의 끝에서 이 질문을 다시 던져 보자. 아직 정확한 답이 없어도 괜찮다. 질문을 품고 있다는 사실만으로도, 삶은 이미 방향을 찾은 셈이다. 이제 '무엇을 위해 살 것인가'는, '오늘을 어떻게 대할 것인가'로 자연스럽게 이어진다.

예전의 기준이
흔들릴 때

예전에는 분명했던 기준이 있었다. 무엇이 옳은지, 어디까지가 충분한지, 어느 정도면 잘 살고 있다고 말할 수 있는지에 대한 나름의 잣대 말이다. 그 기준 덕분에 빠르고 명확하게 선택할 수 있었다. 망설임 없이 앞으로 나아갈 수도 있었다. 그런데 어느 순간부터 그 기준이 예전만큼 단단하지 않다는 느낌이 들기 시작한다. 마음 한편에서 자신도 모르는 균열이 생긴 것이다.

같은 사안 앞에서도 예전과 달리 쉽게 결정을 못 내리고, 예전 같았으면 당연히 택했을 길이 더 이상 확신으로 다가오지 않는다. 잘못된 것 같지는 않은데, 그렇다고 꼭 맞는 것 같지도 않으니까. 기준이 흔들린다는 것은, 길을 잃었다기보다 삶의 조건이 달라졌다는 얘기다. 그것은 삶의 무게가 달라졌기 때문이다.

나이가 들면 기준의 변화는 자연스러운 것이다. 살아온 시간이 쌓일수록 세상은 단순한 답으로 설명되지 않는다는 사실을 깨닫기 때문이다. 한때는 분명했던 옳고 그름이 상황에 따라 달라질 수 있다. 성공했다고 꼭 행복으로 이어지지 않는다는 것도 경험을 통해서 알게 된다. 기준의 흔들림과 변화는 혼란이 아니다. 오히려 시야가 넓어졌다는 증거라고 할 수도 있다. 이제는 하나의 답만 있는 게 아니라는 것도 인정한다. 그래서 하나만 보게 되지 않는다.

예전에 세웠던 자신의 기준이 흔들릴 때, 인간은 두려움을 느낀다. 무엇을 믿고 판단해야 할지 모르겠다는 불안 때문에 그렇다. 하지만 이 시기에는 그 기준을 붙잡기보다, 잠시 내려놓는 태도가 필요하다. 급히 새 기준을 세우려 하지 말고, 흔들리는 상태 자체를 받아들이는 것도 중요하다. 그 여유가 더 명확하고 정확한 판단을 할 수도 있다.

기준이 흔들리는 시기는 삶을 다시 조정하는 시간이다. 이전의 방식이 지금의 나에게 여전히 맞는지를 살펴보는 것이다. 더 이상 맞지 않는다면 형편에 맞게 수정해야 한다. 완전히 다른 사람이 되라는 말이 아니다. 모든 기준을 버릴 필요 또한 없다. 다만 지금의 나에게 맞는 속도와 방향을 다시 찾으라는 뜻이다. 조정은 후퇴와는 성격이 다르다.

기준이 흔들린다는 것은, 삶이 멈췄다는 뜻이 아니다. 오히려 더 명확해지기 시작했다는 내 안의 반응이다.

남의 삶과
비교하지 않는 용기

어느 때부터인가 비교는 습관이 되어버렸다. 의도하지 않더라도 언제나 남의 삶이 눈앞에 어른거린다. 누군가는 한참 더 앞서 가 있고, 누군가는 이미 원하는 자리에 도달한 것처럼 보인다. 그 모습을 마주할 때마다 우리는 자연스럽게 나를 그 옆에 세워 비교한다.

처음에는 그저 참고 자료처럼 시작된다. '저렇게 사는 방법도 있구나', '저 선택은 어떤 결과를 낳았을까' 하고 바라보다가, 어느 순간부터는 나를 재단하는 잣대로 바뀐다. '나는 왜 이만큼일까', '왜 아직 여기일까' 하는 질문들로 머리를 흔든다. 비교는 그렇게 나의 현재를 설명하며 나를 부족한 쪽으로 밀어넣는다. 참으로 고약하다.

나이가 들면 비교의 대상은 더 복잡해진다. 단순한 성과를 넘어 삶의 모습 전체가 비교 대상이 된다. 일, 관계, 여유, 안정까지 모두 한꺼번에 놓고 스스로를 평가하게 만든다. 하지만 그 비교에는 언제나 빠진 것이 있다. 각자의 조건과 환경, 감당해 온 시간들 말이다. 보이는 장면만으로 삶을 비교하는 일은 언제나 불완전하다.

남의 삶과 비교하지 않는 용기는, 나만의 기준을 명확히 세우겠다는 의지이다. 남보다 앞서는 삶이 아니라, 나에게 맞는 삶을 살겠다는 의미이다. 이는 대단한 결심에서 나온다기보다 지금의 나를 있는 그대로 인정하는 용기에서 비롯된다. 지금의 내가 감당할 수 있는 만큼을 내 스스로 존중하는 것이다.

비교를 멈춘다고 해서 대상의 삶이 사라지는 것은 아니다. 다만 그 삶이 나를 평가하는 기준이 되지 않을 뿐이다. 남의 선택을 참고할 수는 있어도, 나를 재단하는 잣대로 쓰지 않는 연습이 중요하다. 그 연습이 쌓일수록 마음은 서서히 내 위치를 찾는다. 비교하지 않는 용기가 내 삶을 내 것으로 만든다.

버텨 온
삶에 대한 존중

삶을 돌아볼 때, 우리는 결과부터 떠올리곤 한다. 무엇을 이루었는지, 어디까지 왔는지, 남들 눈에 어떻게 보이는지를 먼저 생각하다 보면, 그 사이를 채운 시간들은 쉽게 지나치기 쉽다. 하지만 그 시간들 속에는 드러나지 않는 노력들이 있다. 말하지 않은 고민들이 있고, 조용히 버텨낸 날들이 있다. 그 하루하루가 쌓여 지금의 나를 만든 것이다.

잘 해냈다고 말하기에는 아쉬움이 남고, 실패라고 부르기에는 너무 많은 것들을 견뎌 왔지만, 스스로에게조차 그 시간을 제대로 인정하지 않는다. '그냥 해야 했으니까'라든가 '다들 그렇게 사니까'라며 넘겨버린 것도 있다.

나이가 들면 비로소 이 삶의 의미가 보이기 시작한다. 쉽게 포기하지 않았던 선택들, 무너지지 않기 위해 애썼던 마음, 하루를 마무리하며 다시 일어설 준비를 했던 시간들… 그 순간들이 쌓여 지금의 나를 만들었다. 특별한 성취가 없어 보여도, 여기까지 왔다는 사실 자체가 이미 충분한 증거인 것이다. 어찌 보면 살아남았다는 말보다, 살아냈다는 말이 더 잘 어울릴지 모르겠다.

버티면서 살아온 삶에 대한 존중은 과거를 미화하는 것이 아니다. 그때의 선택이 항상 옳았다고 주장하는 것도 아니다. 다만 그 시간을 살아낸 사람을 끝까지 존중하겠다는 의미이다. 버텨 왔다는 것은, 그만큼의 무게를 감당했다는 뜻이기 때문이다. 그 무게를 알겠기에, 이제는 조금 더 존중하는 마음으로 서로를 대할 수 있어야 한다.

이 존중이 생기면 삶을 바라보는 시선도 달라진다. 더 이상 자신을 나무라지도 않고, 아직 부족하다는 말로 모든 시간을 지우지도 않는다. 그동안 버텨 온 날들이 있었기에, 지금의 선택도 조금 더 차분하고 명확해진다. 존중은 삶을 멈추게 하지 않는다. 오히려 다음을 준비하게 만든다.

아직 끝나지 않았다는
감각

말이 삶을 정리하는 언어로 귀결될 때가 있다. '이제는 이런 나이다', '이쯤이면 방향이 정해졌다', '더 크게 바뀔 일은 없을 것이다' 같은 말들이 자연스럽게 나온다. 그 말들 속에서 조용히 고개를 끄덕이면서도, 마음 한편에서는 아직 끝나지 않았다는 생각을 놓지 못한다. 설명하기는 어렵지만, 분명히 뭔가가 남아 있다는 느낌이 든다.

아직 끝나지 않았다는 생각은, 새로운 시작에 대한 흥분과는 다른 성격을 띤다. 무언가를 다시 증명하겠다는 의지도 아니다. 갑작스러운 변화에 대한 욕망도 아니다. 오히려 더 차분한 형태의 느낌에 가깝다. 지금까지 살아온 시간 위에 아직 덧붙일 수 있는 여지가 남아 있다는 인식이랄까, 혹은 삶의 여백을 알아차리는 직감과도 같은 감각이다.

나이가 들면 이 감각은 더 또렷해진다. 이미 해본 것과 해보지 않은 것이 분명해진다. 뭔가를 더 이상 계획 없이 시도하지도 않는다. 그렇다고 모든 가능성이 닫힌 것도 아니라는 사실 또한 깨닫게 된다. 아직 끝나지 않았다는 감각은, 삶을 다그치지 않고 계속 이어 갈 용기 또는 힘을 말한다. 그런 힘은 지속 가능한 에너지가 된다.

이런 감각은 삶을 대하는 태도도 바꾸어 놓는다. 완성된 사람처럼 행동하지 않게 하고, 여전히 배우는 사람으로 살게 한다. 실수 앞에서 자신을 단정짓지 않게 하고, 한 번의 실패로 삶 전체를 판단하지 않게 만든다. 아직 더 할 수 있다는 생각은, 내 삶을 존중하고 더 성실하게 만든다. 또한 지금의 나를 함부로 대하지 않게도 한다.

아직 끝나지 않았으니까, 내 안의 감각이 살아 있으니까, 예전처럼 앞을 향해 나아가야 한다는 뜻은 아니다. 멈추거나, 돌아보거나, 속도를 줄여 나를 보라는 의미와도 같다. 삶은 여전히 현재 진행형이고, 삶의 중심은 내가 만드는 진행형의 삶에서 존재의 가치를 갖는다.

하루의 끝에서 이 감각을 깨우고 느껴 보자. 어제와 오늘의 생각은 어떠했는가? '아직 괜찮다'는 느낌 하나만으로도 충분하다. 그것이 내일을 이어 가게 하는 작지만 큰 충전재 역할을 할 테니까. 아직 끝나지 않았다는 감각은, 내 삶의 에너지이고 충전재다.

스스로에게
부끄럽지 않게

스스로에게 부끄럽지 않게 산다는 것은 생각보다 참 어려운 일이다. 그 기준이 분명하지 않으니 더욱 그렇다. 무엇이 부끄러운 일이고, 무엇이 괜찮은 선택인지는 상황마다 다르기 때문이다. 정답을 정해져 있는 것도 아니고, 굳이 말하자면 자기 행동과 마음가짐에 더 가깝다. 손해를 보더라도 넘지 않으려 했던 마음의 선, 편해질 수 있었지만 그러지 않았던 순간들의 선택과 행동들 말이다.

나이가 들면 이 생각은 너 현실적으로 변한다. 잘 보이기 위한 선택보다, 지속적으로 유지할 수 있는 선택이 중요하다는 것을 깨닫기 때문이다. 당장의 이익보다는 나중에 나를 괴롭히지 않을 쪽으로 결정하게 된다. 스스로에게 부끄럽지 않게 산다는 것은, 미래의 나에게 짐을 남기지 않겠다는 뜻이기도 하다.

때에 따라 이런 태도와 결심은 흔들리기도 하고, 사안에 대한 후회를 남기기도 한다. 그럼에도 불구하고, 다시 그 기준을 다잡아야 한다는 사실이 중요하다. 한 번의 실수가 일의 전부를 그르치지는 않는다. 자신을 완전히 내려놓지 않는 것이 중요하듯 말이다. 부끄럽지 않게 산다는 것은 완벽하다는 말이 아니다. 넘어져도 다시 바로 일어서려는 자기 자신의 자세라 할 수 있다.

스스로에게 부끄럽지 않게 사는 삶은 평범하거나 지루할 수 있다. 대신 마음에는 평화로움을 얻는다. 뭔가를 무리하게 한다거나 경우에 어긋나는 얘기나 설명은 하지 않아도 된다. 지난 일의 대한 변명이나 후회 또한 안 해도 된다.

하루의 끝에서 '스스로를 속이지는 않았나?'란 질문에 고개를 끄덕일 수 있다면, 그것으로 충분하다. 스스로에게 부끄럽지 않게 산다는 것은, 내 중심을 찾는 일이다.

다시 시작해도
늦지 않다

'다시 시작'이라는 말에는 망설임 또한 내포되어 있다. 다시 시작할 힘이 남아 있을지 스스로를 의심하기도 한다. 그래서 다시 시작하기보다는 현실 유지를 선호한다. 결국 익숙함이 주는 안정이 변화를 가로막는 것이다.

하지만 '다시 시작한다'는 것은 '처음으로 돌아간다'는 뜻이 아니다. 지금까지 살아온 시간을 지운 채 새로운 페이지를 쓰겠다는 것도 아니다. 오히려 그 시간들을 품은 채, 현실에 맞게 방향을 조금 바꾸는 선택일 뿐이다. 이미 알고 있는 것들과 그동안의 실패와 아쉬움이 새로운 변화와 시작의 바탕으로 작용한다. 그리하여 시작은 과거를 부정하는 일이 아니라, 과거를 활용하는 일이 되는 것이다.

나이가 들면 무언가를 다시 시작한다는 게 조심스러워지는 건 사실이다. 무작정 뛰어들지 않고, 무엇을 감당할 수 있는지 먼저 살피게 된다. 그래서 다시 시작한다는 것은 느리고 더뎌 보이지만, 그만큼 실패의 요인은 줄어든다.

늦었다는 생각은 대개 남과 비교할 때 생겨난다. 삶에는 각자의 리듬이 있다. 나에게 맞는 리듬을 살핀다면, '다시 시작'은 오히려 가장 현실적인 때일지 모른다. 경험과 노하우를 녹여낼 수만 있다면 말이다.

'다시 시작해도 늦지 않다'는 생각은 삶을 유연하게 만든다. 그 유연함이 지금의 상태에 지나치게 매달리는 것도 막아준다. 한 번의 선택이 전부가 아니라는 사실 또한 깨닫게 된다. 살다 보면 잘못 왔다고 느껴지는 길도 있다. 다만 그런 길에서도 멈추고 방향을 조정할 수 있어야 한다. 그리고 그 여유는 유연함에서 생겨난다.

'다시 시작'을 가로막는 것은 나이가 아니다. 자기 스스로 붙인 단정일지 모른다. 이미 늦었다고 규정해 버리면, 가능성은 그 자리에서 멈추게 된다. 반대로 다시 시작해도 괜찮다고 마음먹는 순간, 삶은 다시 움직인다. 크지 않은 변화라도, 그 첫 움직임은 분명 다음을 만들어내는 역할을 한다. 움직였다는 사실 자체가 변화를 증명하는 것이다.

지금의 마음이 어디에 있는지 짚어 보자. 다시 해보고 싶은 것이 하나라도 남아 있는지 생각해 보자. 그 마음이 있다면, 내일을 향해 한 번 더 날고 싶다는 반증이다. 다시 시작해도 늦지 않다는 믿음이, 삶을 계속 열어 간다.

삶의 무게를
견디는 힘

책임이 늘고 지켜야 할 것이 많아지면 마음이 단단해지기도 하지만, 동시에 쉽게 피로해지기도 한다. 그러면서도 내 삶이 언제부터 이리 무거워졌는지 잘 기억하지 못한다. 그만큼 삶은 부지불식간에 사람을 단련시킨다.

삶의 무게를 견디는 힘은 특별한 의지에서 나오는 게 아니다. 무너질 것 같았던 날에도 어떻게든 마무리하고, 다음 날을 다시 시작하는 반복 속에서 생긴다. '견딘다'란 말은 참고 버티는 것처럼 들리지만, 실제로는 조금씩 균형을 잡고 조정하는 일이다. 무게를 덜어낼 수 있는 부분과 끝까지 감당해야 할 부분을 구분하는 힘이다.

나이가 들면 이 힘은 더 현실적인 모습으로 나타난다. 모든 것을 다 짊어지려 하지 않고, 감당할 수 없는 책임은 내려놓는 선택을 한다. 삶의 무게를 견딘다는 것은, 더 이상 무리하지 않겠다는 결정일 뿐이다. 그 결정이 있어야 삶의 균형을 잡을 수 있고, 지속 가능하게 만든다.

삶을 견뎌내는 힘은 홀로 만드는 것이 아니다. 때로는 누군가에게 기대고 도움을 받는 일도 견디는 힘에 포함된다. 혼자 감당해야 한다는 생각이 강할수록 무게는 더 크게 느껴지는 법이다. 삶의 무게를 견디는 힘은, 혼자 버티는 힘이 아니라 함께 나누는 용기에서도 생겨난다. 그 용기는 약함이 아니라 살아가는 지혜라 할 수 있다.

삶의 무게는 절대 사라지지 않는다. 다만 그 무게를 대하는 태도가 달라질 뿐이다. 예전처럼 이를 악물고 견디기보다는, 숨을 고르고 속도를 조절하는 법을 배워야 한다. 그런 경험의 변화가 내 삶을 더 단단하게 만든다. 단단함은 견딤의 결과가 아니라, 수정과 조절의 결과에서 나온다. 삶의 무게를 견디는 힘은, 무너지지 않고 오늘을 지나온 데서 생겨난다.

지금의 나를
긍정하는 연습

지금의 나를 긍정하는 것은 생각보다 쉽지 않다. 부족한 점도 많고, 아직 이루지 못한 것들이 있기 때문이다. 우리는 늘 조금 더 나아진 후에 스스로를 인정해야 한다고 생각한다. 그래서 현재의 나는 늘 보류 상태로 남는다.

하지만 지금의 나를 긍정하는 연습은 완성에 대한 선언이 아니다. 더 잘 해보겠다는 마음을 내려놓는 일은 더욱 아니다. 그저 열심히 달려 지금의 자리에 이르렀다는 사실을 인정하는 태도라 할 수 있다. 부족함이 있어도, 여전히 배우는 중이어도, 지금의 나는 이미 많은 시간을 투자해서 여기까지 왔으니까.

나이가 들면 긍정의 연습은 더욱 필요하다. 비교의 기준은 늘 높고 다양해서 과거의 나와 현재의 나를 나란히 세워 두고 평가하기도 한다. 당연히 예전보다 못하다고 느껴질 때도 있겠지만, 살기 위해 감당해 온 삶의 무게를 생각해 보라. 지금의 나는 그 무게를 안고 여기까지 온 것이다.

지금의 나를 긍정하는 연습은 거창한 자기 위로가 아니다. 오늘 하루를 무사히 보냈다는 사실, 완벽하지는 않았지만 자기 일에서 도망치지 않았다는 사실을 인정하는 일이다. 해서 스스로가 긍정의 선택을 하라는 것이다. 그 선택이 쌓일수록, 크게 흔들리는 일 없이 마음은 편안함을 갖는다.

물론 이 연습은 하루아침에 이루어지지 않는다. 여전히 자신을 깎아내리는 말이 먼저 튀어나올 것이다. 그럴 때마다 다시 생각하자. '그래도 여기까지 왔다', '지금의 나도 충분히 애썼고 경쟁력이 있다' 하고 말이다. 반복되는 그 다짐이 나를 안정시킬 것이다.

지금의 나를 긍정하는 연습은, 나 자신을 편하게 만드는 가장 현실적인 방법이다. 지금의 나를 긍정할 수 있을 때, 나는 비로소 나와 편하게 대화할 수 있다.

10장

남은 시간을
살아가는 방식

야스퍼스는

인간이 한계 상황에서 비로소

자기 자신을 마주하게 된다고 보았다.

실패, 상실, 죽음의 인식은 삶을 무너뜨리기보다

의미를 깊게 만든다.

그는 삶의 끝을 의식할 때

현재가 더 선명해진다고 말했다.

야스퍼스의 철학은 끝을 준비하라는 말이 아니라,

지금을 더 충실히 살라는 조용한 권유다.

카를 야스퍼스(Karl Jaspers, 1883 ~ 1969)
독일의 유신론적 실존주의 철학자.
하이데거와 함께 독일 실존철학을 창시했다. 칸트, 니체, 키에르케고르 등의 영향을 받았
으며, 현대 문명에 의해 잃어버린 인간 본래의 모습을 지향했다.

시간이 빠르다고
느껴질수록

'시간이 정말 빠르구나' 하고 느껴지는 순간이 있다. 달력을 넘기는 속도는 그대로일 텐데, 체감은 점점 빨라지는 거다. 아침에 눈뜬 것 같은데 금세 저녁이 되고, 돌아보면 한 주가 휙 지나가 있다. 시간이 빠르게 지나간다는 느낌은, 삶이 그만큼 단조로워졌다는 뜻이다. 익숙함의 시간이 압축된 걸까?

시간이 빠르다고 느껴질수록 마음은 조급해지게 마련이다. 놓치고 있는 것은 없는지, 뒤처지고 있는 것은 아닌지 싶은 생각에 더 많은 일에 욕심을 부리고, 그것의 빈틈을 허락하지 않으려 한다. 하지만 그런 시간은 오히려 더 빨리 지나가버린다. 밀도가 높아질수록 체감은 더 가벼워지는 것과 같다.

이럴 때 필요한 것은 시간을 붙잡으려는 노력이 아니다. 시간을 느끼는 방식을 바꾸어야 한다. 하루 중 한순간이라도 의도적으로 속도를 늦춰 보자. 천천히 걷거나, 식사 시간에 여유를 부린다거나… 아무 목적 없이 잠시 머무는 시간들에서의 그 짧은 멈춤이 시간의 숨을 다시 느끼게도 한다. 역설적으로 들리겠지만, 멈춤은 시간을 늘리는 가장 현실적인 방법이 될 수 있다.

나이가 들면 시간의 속도는 더 빠르게 느껴질 수밖에 없다. 그래서 더더욱 작은 변화가 필요하다. 기존의 하루를 조금 다르게 대하는 것만으로도 시간은 다시 제 속도를 찾는다. 그 다름은 의식의 속도를 늦추는 것이다.

시간이 빠르다고 느껴질수록 시간을 대하는 인식이 중요하다. 미래를 앞당겨 생각하지 말고 지금의 상태를 정확히 인식해야 한다. 현재의 내가 어떤 속도로 살고 있는지, 어디에 마음을 두고 있는지를 살피는 것만으로도 시간을 내 것으로 만들 수 있다. 시간이 빠르게 느껴질수록 더 의식적인 속도로 살아야 한다.

더 많이가 아니라
더 깊게

세상의 인간들은 더 많이 갖고 더 높이 올라가는 것을 목표로 살아왔으며, 살아가고 있다. 더 많은 성과, 더 많은 경험, 더 많은 관계가 삶을 풍성하게 만든다고 믿는다. 그래서 비어 있는 시간을 채우고, 멈추는 순간을 아까워한다. 많이 가진 것과 많은 성과를 거둔 사람이 잘 살고 있는 것처럼 느껴지고, 또 그렇게 보이기 때문이다. 그 기준은 항상 우리를 일에 쫓기게 만들고 생활을 바쁘게 만든다.

하지만 어느 지점에 이르면 '더 많이', '더 높이'가 삶의 지수에 크게 소용 없다는 사실을 깨닫게 된다. 빡빡한 일정을 쉼 없이 달려야만 했던 폭풍의 과정을 경험하고 나서야 나를 향한 생각과 질문이 달라진다. '더 많이'나 '더 높이'가 아니라 '더 깊게' 생각해야 한다. 물질의 양이 생활을 편하게 할 수는 있지만, 그것만으로 삶을 충족시킬 수 없다는 사실을 느끼기 때문이다. 모든 것이 충분하다는 현실의 이면에는 또 다른 인간의 격이 있다.

더 깊게 산다는 것은 단순히 속도를 늦춘다는 뜻만이 아니다. 같은 일을 하더라도, 그 안에서 생각하는 시간을 가져 보라는 의미이다. 사람과의 대화를 더 오래 기억하고, 한 번의 선택을 하더라도 조금 더 오래 곱씹어 보는 것이다. 깊이는 새로운 것을 더한다는 뜻이 아니다. 다만 이미 가진 것 안에서 변화가 만들어진다는 말이다. 생각의 시선을 안으로 돌리는 연습이 중요하다.

나이가 들면 이 전환은 자연스러워진다. 더 많은 관계보다 오래 가는 관계가 중요해지고, 더 많은 말보다 오래 남는 말이 필요해진다. 삶은 확장이 아니라 응축의 방향으로 움직인다. 깊게 산다는 것은, 삶을 줄이는 일이 아니라 삶을 내 것으로 만든다는 뜻이다.

더 깊게 보고 생각하면 비교는 줄어든다. 남이 어디까지 갔는지보다, 내가 어디에 서 있는지가 더 중요하니까. '더 많이'를 좇을 때는 늘 부족했지만, '더 깊이'를 택하면 지금의 자리도 충분해진다. 깊게 생각하면 스스로를 절대 조급하게 만들지 않는다.

하루의 끝에서 지난 시간을 짚어 보자. 더 많은 일을 하지 못했더라도, 하나를 충분히 생각했는가? 그 하나가 마음에 남아 있다면, 충분히 깊어진 내 시간이 되었다. '더 많이'가 아니라 '더 깊게' 살아감으로써 삶은 비로소 나의 것이 된다.

놓쳐도 괜찮은 것들

놓치면 안 될 것과 놓쳐도 괜찮은 것을 구분하기가 쉽지 않다. 우리는 대개 더 많이 붙잡으려 하고, 하나라도 더 잡으려고 애쓰며 마음 졸인다. 기회, 관계, 속도, 평가 같은 것들이 늘 손안에 있어야 할 것처럼 말이다. 그래서 놓쳤다는 생각이 들면, 곧바로 스스로를 탓하게 된다.

하지만 나이가 들면 모든 것을 다 붙잡을 수도 없고, 모든 것을 붙잡을 필요도 없다는 사실을 깨닫게 된다. 사실 놓친 것들 가운데는 꼭 필요하지 않았던 것들도 섞여 있다. 그때는 중요해 보였지만, 지나고 나니 없어도 상관없던 것들…. 놓침이 언제나 손실만 남기는 건 아니다.

놓쳐도 괜찮은 것들은 대개 다른 사람의 기준에서 온 것들이 많다. 꼭 따라가야 할 속도, 반드시 도달해야 할 위치, 모두가 중요하다고 말하는 일 같은 것들 말이다. 그런 기준을 정리하는 순간, 삶은 내 것이 되고 마음은 가벼워진다. 놓침은 포기가 아니라 정리일 수 있다.

나이가 들면 이 구분은 더 명확해진다. 무엇을 더 가져야 하는지보다, 무엇을 덜 가져도 되는지가 가려지기 때문이다. 모든 초대에 응하지 않아도 괜찮다. 모든 기대를 충족시키지 않아도 된다. 놓쳐도 괜찮은 것들을 정리하는 안목은, 삶을 내 것으로 만드는 지혜이며 삶의 복잡함을 덜어주는 현실적인 선택이라 할 수 있다.

놓쳐도 괜찮다는 생각이 들면 선택은 더 분명해진다. 꼭 지켜야 할 것에만 에너지를 쓰고, 그렇지 않은 것들은 거듭 정리한다. 그 덕분에 삶은 훨씬 덜 분주해지고, 남는 것들은 더 선명해져 여유가 생긴다. 그 여유는 다시 나를 찾는 시간으로 이어질 수 있다.

꼭 붙들어야 할
한 가지

우리는 저마다 손에 쥐어야 할 것들을 생각하며 산다. 해야 할 일, 지켜야 할 관계, 놓치지 말아야 할 기회들이 겹겹이 쌓이다 보면, 중요한 것보다 놓치면 안 되는 것들에 더 민감해지게 마련이다. 그렇게 하루는 붙드는 일로 가득 차고, 마음은 점점 여유를 잃어 간다. 손에 힘이 들어갈수록 생활의 피로도 함께 쌓인다.

하지만 모든 것을 붙들 수는 없는 법이다. 그래서 결국 질문은 하나로 모인다. 수많은 것들 중에 '꼭 붙들어야 할 한 가지는 무엇인가' 하는 물음이다. 그 한 가지를 분명히 하지 않으면, 사소한 것에까지도 에너지를 쓰게 된다. 그래서는 정작 중요한 것을 놓칠 수도 있다. 선택의 기준이 흐려질수록 삶은 더 복잡해진다.

당연하게도 꼭 붙들어야 할 한 가지는 사람마다 다 다를 것이다. 누군가에게는 몸의 건강일 수 있고, 누군가에게는 마음의 평온일 수 있다. 또 다른 누군가에게는 사람과의 관계일 수도 있고, 스스로에게 부끄럽지 않게 사는 태도일 수도 있다. 중요한 것은, 그 한 가지가 남의 기준이 되어서는 안 된다는 점이다. 그 기준이 나에게서 나왔는지가 중요하다. 나의 삶을 실제로 지탱해야 하는 이는 바로 나이기 때문이다.

나이가 들면 이 선택은 좀 더 현실적이 된다. 새로이 얻는 것보다 이미 가진 것 가운데 무엇을 지킬 것인지를 되묻게 되기 때문이다. 내 삶의 기준이 명확하면, 놓아야 할 것들도 자연스럽게 정리된다. 덕분에 삶은 단순해지고, 마음은 한결 가벼워진다.

그 한 가지를 붙든다는 것은, 나머지를 모두 포기하겠다는 뜻이 아니다. 그저 한 가지를 중심에 두고, 나머지를 그 주변에 두겠다는 선택일 뿐이다. 중심이 분명하면, 혹여 상황이 바뀌더라도 방향을 잃지 않게 된다. 잠시 흔들리더라도 다시 돌아올 자리를 만들 수 있다. 그 자리가 내 삶을 이어 가게 만든다.

하루의 끝에서 나에게 물어보자. 나는 무엇을 붙들고 살았는가? 그 답에 명확한 생각이 들어 있다면, 그 시간은 내 삶의 시간이 된다. 꼭 붙들어야 할 한 가지는, 내 삶을 살아가게 하는 중심이 되어야 한다. 꼭 붙들어야 할 한 가지가 분명할수록 삶은 더 단단해진다.

삶을
정리하는 마음

삶을 정리한다는 말은 곧잘 끝을 떠올리게 한다. 하지만 실제로는 또 다른 시작이라 할 수 있다. 버리겠다는 것은 다 내려놓겠다는 선언이 아니다. 남길 것을 분명히 하겠다는 선택과 태도일 뿐이다. 어느 순간부터인가 더 이상 늘리는 데 마음을 쓰지 않고, 무엇을 간직할지 고민하게 된다. 삶을 정리하는 마음은 포기가 아니라 또 다른 선택이다. 그 선택이 삶의 방향을 다시 잡는 것이다.

정리는 한꺼번에 이루어지지 않는다. 관계, 물건, 일정, 생각까지 차츰차츰 정리가 이루어진다. 나를 지탱하지 않는 것들을 찾아내는 데는 그만큼 시간이 걸리는 법이다. 예전에는 중요하다고 생각했지만, 지금의 나에게는 소용없는 것들도 있다. 그것을 알아차리는 순간에 마음은 자연스럽게 그것에서 멀어진다. 정리는 억지로 한다고 되는 일이 아니다.

나이가 들면 정리는 더욱 현실적인 의미를 갖는다. 모든 것을 다 품고 갈 수 없다는 사실을 깨닫게 되기 때문이다. 그래서 삶을 정리하는 마음은 속도를 늦춘다. 그리고 우선순위를 분명히 한다. 번거로움을 줄이려는 것도 있지만, 꼭 필요한 것만 남기겠다는 의미는 또 다른 삶을 위한 준비인 것이다. 정리는 새로운 지속을 위한 선택일 뿐이다.

삶을 정리하면서 가장 먼저 달라지는 것은 소란스러운 마음일 것이다. 해야 한다는 생각, 놓치면 안 된다는 불안이 하나둘 자리를 비운다. 그 자리에 여유가 들어서고, 판단은 조금 더 차분해진다. 정리된 삶은 단순해 보이지만, 그 안에는 오랜 시간 숙성된 내공이 담겨 있다. 깊이는 이렇게 만들어진다는 것 또한 알게 된다.

정리는 냉정함이 아니라 나에 대한 다정함에서 온다고 볼 수 있다. 스스로에게 더 이상 무리하지 않겠다는 약속과 지금의 나를 기준으로 삼겠다는 자신과의 약속 말이다. 그래서 정리에는 후회보다 삶의 내공이 더 많이 느껴진다. 남기기로 한 것들이 더 분명해질수록, 그것은 더 크게 보이기 마련이다. 스스로의 다정함은 내 삶의 기준을 명확하게 한다.

하루의 끝에서 나의 시간을 한 번 체크해 보자. 무엇을 더 채우고 무엇을 덜어냈는가? 하나라도 더 내려놓을 수 있었다면, 그것으로 된 거다. 삶을 정리한다는 마음은, 나에게 맞는 것만 곁에 두겠다는 나의 선택이다.

의미는 마지막에
만들어진다

　일을 진행하면서 우리는 의미를 먼저 찾으려는 경향이 있다. 시작할 때부터 이유가 분명해야 하고, 과정마다 설명이 가능해야 안심한다. 그래서 의미가 보이지 않으면 불안해지고, 지금 하고 있는 일이 맞는지 끊임없이 묻기도 한다. 하지만 삶은 언제나 일일이 설명해 주지 않는다. 끝없는 반복의 연속에 성과도 분명하지가 않다. 다만 해야 해서 하고, 그만둘 이유가 없어서 하는 것이다. 그럼에도 기록으로 남지도 않고, 의미 없는 시간처럼 보였던 날들이 삶의 대부분을 이룬다.

　그래서 의미는 대개 마지막에 만들어지고 확인된다. 한참을 지나 회상해 보면, 그때의 선택과 망설임이 하나의 흐름으로 이어질 때 비로소 드러난다. 그동안 의미 없어 보였던 시간이, 사실은 그렇지 않았음을 깨닫게 된다. 의미의 답은 미리 정해지지 않는다. 지나온 길에 남긴 흔적이 그 의미인 것이다. 삶이 남긴 요약본에 가까운 흔적 말이다.

나이가 들면 이런 사실을 하나씩 실감하게 된다. 그때는 왜 그랬는지 몰랐던 일들이, 지금의 나를 설명해 주는 단서가 되기도 한다. 실패라고 여겼던 선택도, 돌아보면 삶의 방향을 바꿔준 계기였음을 알게 된다. 의미는 사건 하나에 붙지 않고, 삶 전체에 걸쳐 천천히 만들어진다. 시간이 의미를 숙성시키는 것이다.

그러니 지금의 시간을 너무 성급하게 평가하지 않아도 된다. 의미가 보이지 않는다고 해서 헛된 것은 하나도 없다. 아직 끝이 남아 있기 때문이다. 삶은 현재형으로 살지만, 의미는 과거형으로 이해된다. 그저 지금은 지나고 있는 중일 뿐이다. 지나가야 보이는 것들이 우리 삶 안에 있다.

의미는 붙인다고 다 성립되는 것이 아니다. 의미는 결론에서 찾을 수 있기 때문이다.

살아 있음
자체를 받아들이기

인간은 살아 있다는 사실보다, 어떻게 살아야 하는지에 대해 더 많이 생각하면서 살아간다. 잘 살아야 하고, 더 의미 있어야 하며, 남들보다 뒤처지지 않아야 한다는 조건들이 그것이다. 그러다 보면, 정작 살아 있다는 사실 자체는 당연한 배경처럼 받아들인다. 살아 있음은 늘 전제이고, 평가의 대상은 늘 그 위에 얹힌 결과들이다. 살아 있다는 전제가 흔들릴 때에야 비로소 존재(자신)를 돌아본다.

하지만 어느 순간, 결과보다 존재가 먼저라는 생각이 들 때가 있다. 특별한 성취가 없어도, 설명할 수 있는 이유가 없어도, 지금 숨 쉬고 있다는 사실만으로 충분한 날들이 있다. 살아 있음 자체를 받아들인다는 것은, 일을 그르치거나 힘들고 외로운 날에도 스스로를 도닥이고 위로할 줄 안다는 뜻이다. 그 태도는 마음을 내려놓고 숨을 고르게 한다.

나이가 들면 이 생각은 더 현실적이 된다. 삶이 늘 계획대로 흘러가지 않는다는 건 두말할 필요도 없고, 모든 날이 의미로 가득할 수는 없단 사실을 받아들이게 되기 때문이다. 그럼에도 불구하고 하루는 이어지고, 몸은 살아 움직이는 법이다. 그 사실 하나만으로도 삶은 이미 제 몫을 다하고 있다 할 수 있다. 존재는 성과를 기다리지 않는다.

살아 있음 자체를 받아들인다면, 자신을 대하는 말투 또한 달라진다. 실패를 한다 해도, 아무것도 해내지 못한 날도, 존재를 부정하지 않게 되는 것이다. 살아 있다는 이유만으로, 오늘을 건너온 사람으로서의 존엄을 인정하게 된다. 이 인정은 삶을 느슨하게 만들지 않는다. 오히려 삶을 지속 가능하게 한다. 해서 견딤의 바탕, 곧 지구력이 만들어진다.

이 받아들임은 체념과 전혀 다른 성격이다. 아무것도 하지 않겠다는 선언 또한 아니다. 다만 있는 그대로의 상태에서 다시 선택하겠다는 마음이다. 살아 있음이 인식의 바탕이 될 때,

선택은 훨씬 덜 절박해지고 한결 차분해진다. 지금의 나를 존중할 때, 삶을 다시 지속할 힘을 갖는다. 삶의 모든 힘은 이렇게 축적된 바탕 위에 있다.

지난 시간을 한 번 짚어 보자. 무엇을 이루었는지보다 무엇을 지속하고 있는지에 집중하자. 살아 있음 자체를 받아들이는 순간, 삶은 더 이상 무엇을 증명해야 할 대상이 아니라 함께 살아갈 시간이 되는 것이다. 살아 있음 자체를 받아들일 때, 삶은 비로소 나의 것이 된다.

오늘을
미루지 않는 이유

우리는 많은 것을 미루며 산다. '내일이 더 나을 것 같아서', '지금은 여유가 없어서', '조금만 더 준비가 되면' 같은 말로 하루하루를 넘긴다. 그렇게 미루어진 하루들이 쌓여 언젠가의 시간으로 변한다. 하지만 대개 그 언젠가는 오지 않는다. 오늘을 미룬 이유는 내일에도 그 자리에 남아 있기 때문이다. 이렇게 미룸은 사라지지 않고 반복된다.

오늘을 미루는 데에는 나름의 이유가 있다. 피곤했다, 상황이 맞지 않았다, 마음의 준비가 되지 않았다 같은 변명 아닌 변명들이다. 틀린 말은 아니다. 다만 그 변명들이 반복될수록 우리는 점점 오늘과 멀어지게 된다. 지금의 나는 늘 부족하고, 다음의 나만이 제대로 살 수 있을 것처럼 여기게 되기 때문이다. 그러면 현재는 늘 대기 상태로 남는다.

나이가 들면 이 미룸의 구조는 더욱 또렷이 보인다. 기다림 안의 시간은 만들어지는 것이 아니기 때문이다. 그 시간은 흘러갈 뿐이라는 사실 또한 깨닫게 된다. 오늘 하지 않는 일이 내일 더 쉬워지지도 않는다. 오늘 외면한 마음이 내일 저절로 정리되는 것도 아니다. 그래서 오늘을 미루지 않겠다는 건, 거창한 결심에서 비롯되는 게 아니라 현실을 정확히 아는 데 있다. 지금이 유일한 자리라는 인식 말이다.

'오늘을 미루지 않는다'는 건 모든 것을 다 하겠다는 뜻이 아니다. 완벽한 하루를 만들겠다는 것도 아니다. 그저 '오늘 할 수 있는 만큼만 오늘 하겠다'라는 태도이다. 작은 선택 하나, 짧은 대화 하나, 마음을 확인하는 순간 하나를 내일로 넘기지 않는다는 말이다. 그 정도면 충분하다. 충분함은 그 크기보다 시점에 있다.

우리의 삶은 오늘을 살아내면서 하나히나씩 쌓이고 이어지는 법이다. 내일을 위해 오늘을 희생하지 않아도 된다. 오늘을 살면 자연스럽게 내일로 연결된다. 미루지 않은 오늘이 대스럽지 않다 해도, 분명한 흔적을 남기는 법이다. 그 흔적들이 모여 삶의 방향을 만든다.

하루의 끝에서 오늘을 되짚어 보자. 미루었던 것을 하나라도 확인했는가? 아주 작은 것이어도 괜찮다. 미루지 않겠다는 생각 하나면 충분하다. 오늘의 것을 미루지 않는 이유는 분명해야 한다. 오늘만이 지금의 내가 실제로 살 수 있는 유일한 시간이기 때문이다. 오늘을 미루지 않을 때, 삶은 더 이상 다음으로 밀려나지 않는다.

끝을 생각하며
지금을 사는 법

'끝을 생각한다'는 말은 듣기에 따라 무겁게 들리기도 한다. 마치 모든 것이 곧 멈출 것처럼, 남은 시간이 부족한 것처럼 느껴지기 때문이다. 그래서 우리는 끝을 떠올리는 일을 애써 거부한다. 괜히 힘들고 우울해질까 봐 외면하는 게 사실이다. 하지만 끝을 생각하는 일은, 삶을 외롭고 어둡게 만드는 상상이 아니다. 지금을 더 분명하게 만드는 시선에 가깝다. 그래서 끝은 두려움이 아니라 기준을 다시 만들어준다.

끝을 의식할 때, 우리는 불필요한 것들에 대해 조금씩 생각을 정리한다. 꼭 하지 않아도 되는 말, 상황이 그래서 억지로 유지하던 관계, 괜한 마음을 소모시키던 습관 같은 것들 말이다. '언젠가는 끝이 온다'는 사실은, 지금 붙들고 있는 것들이 정말 필요한지 자문하게 만든다. 그 질문은 관계를 줄이기보다 삶을 정직하게 만드는 측면을 가지고 있다. 남길 것과 내려놓을 것이 또렷해진다.

나이가 들면, 끝은 추상적인 개념이 아닌 현실적인 생각으로 자리 잡는다. 그래서 더 조심스러워지고, 동시에 더 솔직해진다. 미뤄두었던 말을 하게 되고, 미안했던 마음은 더 늦기 전에 전하려 한다. 끝을 생각하며 산다는 것은, 조급해진다는 뜻이 아니다. 지금의 선택에 분명한 책임을 두겠다는 의미이다.

끝을 떠올린다고 해서 매 순간 의미를 채워야 하는 것은 아니다. 어찌 보면 평범한 하루를 있는 그대로 받아들이는 것이다. 언젠가 이 평범함조차 소멸될 수 있다는 사실이 지금의 반복을 함부로 대하지 않게 한다. 아무 일 없던 하루가, 그냥 지나갈 수 없는 하루가 되는 것이다. 평범함은 가벼운 것이 아니다. 정말 소중함은 그 안에 담겨 있다.

나이가 들면 이 시선의 기준은 더 명확해진다. 무엇이 더 크고 대단한지가 아니라, 무엇을 끝까지 유지하고 싶은가를 묻는다. 끝을 생각하며 지금을 산다는 것은, 마지막에 후회하지 않을 것들을 오늘에 하나씩 옮겨 두는 일이다. 그 선택은 진심에서 나온다.

하루의 끝에서 지난 시간을 한 번 짚어 보자. 끝을 떠올렸을 때 내 마음이 편했는가?

인간에게 완벽한 시간과 하루는 없다. 끝을 생각하며 지금을 산다는 것은, 삶의 무엇을 크게 이루라는 게 아니다. 그저 삶의 부분을 빠뜨리지 않는 태도를 잃지 말라는 의미이다. 끝을 생각하며 사는 것은, 지금을 더 또렷하게 만든다.

생각은 조용히 남는다

책의 마지막 장을 덮는 이 순간에도, 내일은 어김없이 다시 시작될 것이다. 아침은 어김없이 찾아오고, 하루는 다시 바빠질 터이다. 우리 또한 익숙한 역할 속으로 들어가 살아갈 것이다. 그래서 이 책에서 읽은 말들 역시 금세 잊혀질지 모른다.

하지만 읽고 가슴에 남았던 기억과 생각은 언제나 부지불식간에 남는 법이다. 당장 기억나지 않아도 어느 날 스치는 장면 하나에서 문득 떠오르곤 해서, 같은 선택의 기로에서 이전과는 다른 방향으로 걸음을 옮기게 만든다.

이 책의 문장들 또한 독자들에게 그런 방식으로 인식되기를 바란다. 오래 생각하지 않아도 좋다. 모두 기억하지 않아도 괜찮다. 다만 삶의 어느 순간, "아, 그런 말이 있었지!" 하고 떠올릴 수 있다면 그것으로 충분하다.

하루의 끝에서 생각하는 시간은 짧지만 깊이를 더한다. 그 짧은 시간이 쌓여 삶의 태도가 형성되고, 삶의 방향이 되기도 한다. 지금을 돌아보는 일, 나 자신에게 말을 거는 일, 그리고 가끔은 오래된 생각에 귀를 기울이는 일은 결코 헛된 시간이 아니다.

나이가 들수록 답보다 질문을 더 소중히 여겨야 한다. 왜 이렇게 사는지, 그 선택이 니에게 어떤 의미였는지, 앞으로의 시간은 어떻게 살아가고 싶은지…. 그런 질문들은 마음속에서 조용히 반복될 것이다. 이 책은 그 질문이 사라지지 않도록 곁에 머물러 있을 것이다.

정년 없는 시대 오십의 생각

1쇄 발행 2026년 4월 20일

저자 김수종

펴낸이 김제구
펴낸곳 리즈앤북
편집디자인 DESIGN MARE

출판등록 제2002-000447호
전화 02-332-4037 팩스 02-332-4031
이메일 ries0730@naver.com

값은 뒤표지에 있습니다.
ISBN 979-11-90741-67-5 (03190)